當老樹在說話

——那一年，他們在台南種下的樹——

王浩一——著

〔推薦序〕之一

每一株老樹都繫有一條歷史絲帶

向陽
詩人、國立台北教育大學台灣文化研究所副教授

讀一座城市，可以走馬看花，拍照留念，聊表到此一遊；也可以緩步徐行，深入閭巷，細訪民風。前者浮光掠影，是一般遊客的觀光淺讀；後者踏查訪談，是巷內人家的細讀。淺讀一座城市，對忙於謀求溫飽的現代人來說，已屬不易；細讀一座城市，即連出入其中的在地人也未嘗能夠。一座城市，有萬般風姿，可以從建築看，可以從古蹟看，也可以從夜市熙來攘往的人潮看，從街上爭奇鬥豔的店招看；當然，也可以進到這座城市的主要景點、地標或紀念館舍去看……，這都是閱讀城市的方法，城市提供不同的人不同的親近路徑。

然而，有誰會從一株株老樹來看一座城市的身世呢？作家王浩一在他的新著《當老樹在說話：那一年，他們在台南種下的樹》中就提供了這樣的閱讀路徑。浩一以久居台南府城的文史工作者身分，細讀並且深讀台南這座古城的二十二株老樹，透過他拍攝的精美照片，樹種介紹，

以及饒富深情的詩篇，搭配詩後的散文，組構出了一座城市萬端的風華，彷彿三稜鏡一般，發散出多面向的光采，令人驚豔再三，且為其中的佳篇巧構、深情多識讚歎再三。

從寫老樹的角度看，這是一本有關老樹的博物誌。浩一寫台灣原生種的苦楝、莿桐、大葉欖仁、漆樹，寫台南常見的古梅、龍眼、樟樹、緬梔、羅漢松、麵包樹與樹蘭，寫南洋櫻、孔榕、大榕與菩提樹，還有日治時期栽種的各種樹種，他將這些老樹的「身家背景」探查得一清二楚，讓我們尋波探源，發現日常所見的這些老樹的重現了華彩，看到本來以為尋常無奇的樹，背後居然蘊藏著恁多美麗與哀愁的故事。

但猶不止於寫老樹，這本書還是台南府城的土地誌和人文誌。浩一以他深厚的文史涵養，上下古今，讓每一株老樹都繫上一條歷史的絲帶，因而也讓老樹與人文歷史產生了盎然的古意。他寫莿桐與平埔族、梅樹與鄭成功、羅漢松與陳永華、麵包樹與蔣元樞、樹蘭與沈葆楨的故事，揭開一頁頁台灣史的吉光片羽；他寫柚木與裕仁皇太子、南洋櫻和八田與一，大葉欖仁與林朝英、成大老榕與詩人瘂弦的舊事，也讓我們隨著他的筆端看到老樹之上的人文光澤。讀一座城市，可以這樣通過城市中所見的老樹，娓娓道來，就勾勒出一座城市的歷史、人文和土地圖像，若非浸之潤之、愛之惜之，絕不可得。而浩一正是這樣的作家，通過本書，他展現出一個跨領域作家對土地深刻的愛。

最後，本書也是台灣地誌文學的佳構。浩一以感性的詩、理性的文，寫下每一株老樹與他之間的情緣，連結著舊日戀情、故鄉憶情以及府城地情，寫活了一個有情男子繫念之深、關愛之殷，從而突出了台南府城古樸的、素雅的、深刻的土地之美。他的詩多半出以浪漫，細膩、綿密而微帶感傷；他的文則流暢、輕快而兼具知性的富實。特別是後者，他將人與樹、樹與土地、土地與歷史逐一構聯，表現了台南府城的時間之深、空間之廣與人間之情的特質，這可能與他長年從事文史工作，不斷進行田野調查，因而累積了對一座城市的淵博認識有關，但更重要的是，他的地誌書寫開拓了台灣散文的新領地，朝向具有歷史與人文幅寬的廣闊視域發展。展讀是書，我欣見台灣地誌文學又多了一個新的標竿、一道新的界碑。

〔推薦序〕之二

穿越時間、空間的自然悸動

郭旭原
大尺設計＋郭旭原建築師事務所負責人

這是本有空間場景和場所悸動的好書，透過它，彷彿穿越了時空，帶我回到了童年的台南故鄉，在蟬鳴的午後，或坐或站在大樹下，聽著幾百年來土地的故事……。陽光穿過大樹的葉子縫隙，好像被竹篩子搖了下來，光影閃動，彷彿有許多神祕正在發生。大樹、老樹像耆老，默默地陪伴小時候的我，那心無以名之的醞釀。

台灣的建築小史，也伏藏在此書之中，像王浩一提到成大校園裡，日本人的空間觀、風水觀與哲學觀。佛經說：「心如畫工師，能畫諸世間。」人的心，能生萬法，能進行各種創造；但最終，人所仿效追求的，往往是自然！自然之神，自自然然的「本來面目」。

我從事建築設計，常常想到要師法自然，希望能夠與環境呼應結合，探其場所的精神。

這本書中的老樹，和作者對周邊空間、歷史的闡述，令我眼界為之一新！

〔推薦序〕之三

樹與人，是一不二

許悔之
詩人、有鹿文化事業有限公司總經理暨總編輯

我與浩一兄，認識得早，卻算是不熟，以前見到他，最深談的一次，是台南一中何興中兄在「阿霞飯店」請蔣勳老師吃飯，我是陪客之一。那次晚宴，席間浩一提及他在台南四處探訪老樹的行止，那晚，他提起台南地方法院院長宿舍中一棵很老很老的麵包樹。

好幾年前的那次晚餐，因為，興中兄所訂的各色「手路菜」太豐富了，加上席間歡談各種話題，我沒辦法太認真聽下去。

但心中想起一部佛經，《大樹緊那羅王所問經》，樹神做「當機眾」向佛陀問法，壯闊玄妙的一部經典。

那天晚上，浩一說得津津入味，彷彿那樹是他久別再逢的家人。

我算是愛樹之人。大安森林公園的阿勃勒與流蘇何時開花，我總關心；台大校園裡的流蘇

怒放勝雪時，我也會佇足良久，渾然忘了衣衫單薄而夜深風冷；更多時候，登山或走路，看到樹，總是歡喜！常常要停步讚歎。

總是覺得：樹，非常的美；老樹，非常慈悲。

做為一位聲名有著而暢銷的作家，許多出版社都向浩一討書，而這本書，竟是浩一主動找我出版的，原因為何，至今我還沒想清楚；然而這序，是我主動向浩一索討的篇幅，心中清楚，應該為此書之因緣種種補注。

這不是一本「常軌」的書。

書中有詩、散文、攝影，三者交織。浩一都是為這些台南老樹先寫了詩，再補上散文，最後再整理照片；詩，或者說一種詩興的萌發、詩意的求索之激切，迥異於他以往寫作的路數。

詩意與文意是不同的。詩，是情感的舞踏；散文通常著重於清晰的溝通。

在我們約定的撰稿期間，我常常在電子郵件中發現驚喜：浩一，又寫出一棵樹了！而且株株姿態不相同。

用詩，用散文，浩一帶領我看到不一樣的境域。

他的詩，縱橫恣肆於世界時空，適足以表達說不能盡的大樹之美與無窮的啟示；壯闊與婉約兼顧，最好的幾首，教我想起東坡詞的大江東去。

他的散文，從詩興出發，指涉了台南史、台灣史乃至世界史；更動人的是，他鋪展了人在歷史中的「私歷史」：那些發光並可以照亮別人的心靈之敏銳與覺知，他自己的和別人的心靈合而為一的「私歷史」。

當看到這些老樹的照片，我不覺而驚呼：啊！樹的美麗、樹的殷重、樹的包容、樹的慈悲，俱在其中。我彷彿知道，浩一為什麼多年來要踏查尋訪這些老樹，並為之作傳；因為這些老樹在對他說話！

這些老樹，在時間的霜露之中，早已化為樹神，神而明之，透過蟲棲、鳥鳴、風吹、雨打、日曬、月照，和每一個經過、看到他們的人，拈花微笑，會心於彼此「是一不二」。老樹的枝葉如蓋，可以遮蔭，對每一個佇足樹下他而不識得的人遮蓋庇護，如同「無緣大慈」；老樹活得無比自在而慎重，提醒我們生命本應如此，這不也正是「同體大悲」嗎？

這一棵棵老樹，為我們演說了生命的故事啊。

這些已經活得比我們久很多很多的老樹，像智慧慈悲的長者，伸出了手臂，撫摩我們的頭，並對我們深深地祝福。

至目前，僅此一次，浩一為我導覽，是去台南「三老爺宮」：紀念鄭氏三代人的宮廟。車將開到而未到，浩一說：「這裡以前是河道，鄭成功的船隊就在這馬路，原來是河道之上，駛入。」

那瞬間，我全身的毛孔俱凝！彷彿天地之間有一啟諭被揭露而欲分曉。在「三老爺宮」，浩一說：「鄭成功當晚就駐營在這裡。」

遙遠的台灣史，倏忽就在面前。

我彷彿看見堅毅但因航行而不免疲憊的鄭成功，劍在鞘中，以鞘拄地，望著梅花鹿奔跑；周圍的兵士忙碌著，又忍不住四處探望：這陌生之地啊，這美麗之地啊。

《當老樹在說話：那一年，他們在台南種下的樹》，當然是一本書。但又不全然是一本書而已，它是如柳敬亭的說書人王浩一透過台南老樹，在說生命的故事！充滿了光線、充滿了人影、充滿了音聲。

是老樹在說話，等待我們去拜訪他們。

他們所說的「無聲之聲」，是心最微妙奧祕的美麗。

浩一像禪師，以指指樹，讓我們因指見樹；因為老樹如此安忍安住於時空之中，像是要淨其意而入虛空啊！這本書是台灣歷史上難有的「指樹錄」，我相信這書本身，正如同一棵老樹，在很久很久以後，都還會被看見，被記住。

〔自序〕

看樹的男人

我不是詩人，也不會是。只是想記錄近乎悲傷的幸福感。

年輕時，曾寫下一些拾綴來的句子，自樂。進入職場工作後，完全切割那些慘綠歲月的假文青，故意遺忘，只是在自己酒後爽朗笑聲中，偶而察覺幾絲寥寂。中年後，竟然開始寫書，忝列作家，過去，一些理性的訓練思考模式，一些魚尾紋後的矜持，總是把「我」小心地摺疊起來，收藏，不輕易示人。情緒或是情愫，這件事還是小心點的好，看到秋雲高朗，就說它很宮崎駿，看到月光樹影搖曳，就說它是蘇東坡筆下的宋詞，即可。

在台北時，五月，喜歡在台師大的紅牆看著開盡黃花的阿勃勒。白雲蒼狗後，在南台灣街頭看花，卻發現三月黃花風鈴木、四月印度紫檀、五月黃金雨、六月盾柱木、九月台灣欒樹、十月黃槐街頭盛放，都是大大小小的黃花，恣意綻放在樹冠上，黃澄澄地簇滿不同街道，這個喜歡黃花的城市，饒是有趣。當然也有不同顏色的花朵出現在不同角落，但是，自己總只拿相機捕捉了一些靈動，偶而放在臉書，捕捉幾個讚。

幾年來，寫作的動能漸漸增長，之後，思緒往往能快速遠颺，用字也更精準了。加上逾三十年職場經歷，近年常常訝然自己有些「特異推測力」，常能更理解一些人的行為舉止，動悉他們背後隱晦的動機，分析其人立場的背景。因此，對連當事人都不察覺的自我人性的隱晦思維，都有了一些通透。所以能在未發生前，有了過程和結果的推理和推測，並且命中。並非俱有通靈，而是這些行為預測力加上同理心的設想，往往能在一些徵兆或先機之中，洞悉。我總想，這是《易經》的「寡過知幾」吧。

於是，我向歷史大河泅去，希望能揣測古人的心思，藉著與老樹的聯結，以對話，以代言，以轉置，希冀能找到他們曾經有的生命片斷和生活拼圖。於是梅樹與鄭成功，羅漢松與陳永華，麵包樹與蔣元樞……樹蘭與沈葆楨，柚木與裕仁皇太子，莿桐與平埔族，緬梔老樹與蘇萬利商人，南洋櫻和八田與一，菩提和玄奘，大葉欖仁與書法家林朝英，成大老榕樹與詩人瘂弦……歷史充滿隱晦，也留有未知的角落。透過人與樹，追溯一些吉光片羽，為歷史多了不同論述，也讓古人以更溫潤的方式站在神龕裡，讓後人膜拜。老樹與古人，我以詩說故事，希望我們能有更鮮活的虔敬，認識他們。有一天，當我們處在老樹濃蔭下，能低頭沉思，想起這些前人精采的身影。

或許是年幼時居於山城小鎮，在那裡樹木多於房舍的視覺記憶，長大後身處大城市，偶見大樹與黑瓦老屋平衡共存，總莫名愉悅，是屋矮不礙雲的哲理態度，或是老樹可使人澹泊明志的可能，自己總深刻品味，悠然。後來，我走上文史工作人一途，屢屢在田野調查之際，多了一些老樹的身世與故事，因此寫了二十二株老樹，在樹情之外，結合了台灣曾經的感動。這樣的筆觸是嘗試，些許生澀，但是紙薄情長，能有些視野被接受，有些句子被觸動，我希望。

好友劉克襄曾在我的書上寫序，戲稱我是台南的「文化角頭」，滿貼切的，許多朋友也頻頻點頭贊成，而我則喜歡自己稱謂「文化浪子」。在台南舊城多年，對這座城市有些熟稔，通曉一些廟宇隱藏了某些歷史的殘痕，其實那是最迷人的溫度，歷史久遠的城市，就有這種好處，到處都有故事。除了古蹟裡的手工藝術，這裡的老居民透著一種難以言喻的「氣質」，自在，閒適，俠氣和驕傲，就是〈有爺兒氣的台南〉所散發的「不是讓人討厭的味」。懂不？每個有台南朋友的人都知道，但又說不清楚。

有一家百年老餅鋪，年輕的第四代向父親說，他想把店裝潢一下，父親用掌輕拍他的後腦勺，說你賺那麼多幹什麼？有一爿麵條店，每天下午一點打烊，店老闆說他要回去泡茶了。有一家百年雜貨店，是七十幾歲的兄弟共同經營，一次，我跟他倆聊得愉快，弟弟竟然說夏威夷豆新鮮，我們今天周年慶，算你便宜，我買了，因為他在跟你交朋友。一次，去朋友家拜訪，那是十三戶的小社區，透天屋連成一排，我聽到院子裡鋼琴聲彼此交錯，問社區有幾架鋼琴？十一架！我家沒有，但有一把大提琴！我太太是大提琴手！一點「愛妻」口氣。

我是雜食性閱讀的，自己的興趣也是多元的，略有小名氣後，一些雜誌或是學生刊物訪談，總好奇我的跳 tone 視野，為何涉獵美食、歷史、文學、哲學、建築、生態、設計、管理等等。甚至，書本有時自己寫作、統籌、編輯、攝影、繪圖等等。我以為自己的興趣就是一道巴黎小酒館濃淡有序的餐食，有餐前酒配上乳酪，接著是新鮮時蔬沙拉，再搭食著外酥內軟的麵包，私房食譜主菜淋上主廚風味醬汁，佐著合宜的葡萄酒，有人說葡萄酒是酒館的小翅膀，比擬得好，當然好心情的甜點，最後完美的咖啡，舒暢。

以詩寫樹，我以為就是「好心情的甜點」，老祖母經典巧克力蛋糕。以詩寫這座人味特濃的城市，就像是香醇但是個性十足的好咖啡。各位，請慢用……。

目次
contents

推薦序

之一——每一株老樹都繫有一條歷史絲帶／向陽……002

之二——穿越時間、空間的自然悸動／郭旭原……005

之三——樹與人，是一不二／許悔之……006

自序——看樹的男人……011

【輯一】化育於天地之間——台灣原生種

一苦楝一……022

【我的詩】苦楝苦戀／【詩後】聽樹木的聲音

一莿桐一……034

【我的詩】莿桐事件／【詩後】迷路的驚喜

一大葉欖仁一……046

【我的詩】我在這裡等春天／【詩後】樹成蔭時的小南天

一台東漆樹一……058

【我的詩】龍穴上的台東漆樹／【詩後】一座舊城的DNA

【輯二】

俱在樹下一寐中——**明清歷史舊事**

—老梅— 072
【我的詩】母親牌位前的古梅／【詩後】魂魄化為梅香

—龍眼、樟樹、緬梔— 084
【我的詩】問三老／【詩後】私喜之地

—羅漢松— 098
【我的詩】英雄塚與羅漢松／【詩後】站如羅漢長嘯中

—麵包樹— 110
【我的詩】知府大人的樹／【詩後】吉祥年代

—樹蘭— 122
【我的詩】樹蘭，樹上有蘭？／【詩後】君子有清香

【輯三】

終老與生死——**老樹的生命啟示**

—南洋櫻— 136
【我的詩】二十一株老南洋櫻／【詩後】櫻雨紛紛戀戀情

—孔榕—……148
【我的詩】孔榕告別式／【詩後】燕去也，紅隼來
—大榕—……160
【我的詩】老詩人與老樹／【詩後】老樹看過年輕的我
—菩提樹—……172
【我的詩】祭與偈／【詩後】我從大唐而來

【輯四】美麗的結果——日治時期為了觀賞與實驗而種的樹

—獼猻樹—……184
【我的詩】在水一方／【詩後】同喜與同悲的夜晚
—柚木—……196
【我的詩】窗前樹與皇太子／【詩後】綠葉乍響聲如濤
—墨西哥合歡—……208
【我的詩】最後一株老樹與神社／【詩後】宛若探索頻道
—鳳凰木—……220
【我的詩】鳳凰花戀／【詩後】火紅在家鄉與故鄉之間

─雨豆─ 230
【我的詩】雨豆之戀／【詩後】來自熱帶美洲的綠巨人
─魚木、辣木─ 242
【我的詩】尋，魚木與辣木／【詩後】樹之為用大矣哉

【輯五】有爺兒氣的台南──祭孔、花神、節氣神及其他

─有爺兒氣的台南─ 256
─起鼓，我在祭孔─ 262
─神氣，二十四節氣的神─ 270
─守護神聯盟─ 276
─三老爺宮的花神和台南花事─ 282
─舊城的夜與燈─ 292

【附錄】何處探訪這些老樹？

298

【輯一】

化育於天地之間——
台灣原生種

苦楝

他的名字真是不祥啊，人家的院子不許他入門，即使後院的角落也是。於是只能藏身荒郊野外，偶而看到他在街頭的身影也是寂然與澹泊。

苦楝是原生種，潮濕山谷比較容易發現蹤影。植物系的朋友說，當年大一的首堂課，老師講了三株樹：相思、苦戀、合歡，愛情三部曲，有趣，易學，所以本來考慮要轉系的他，無旁騖地在此學科深耕下去，成了園藝造景專家，也是我的私人綠手指顧問。

台南舊城有幾株碩大苦楝，原台南縣知事官邸、舊台南市長官邸、台南公園、原台南農改場等，平日蒼鬱濃綠，不會特意感覺存在。可是，三月春風裡，總是煥然一樹的淡紫，滿滿地，奢侈地，毫不矜持，吸引所有路人的目光讚歎。仔細想，為何這些老樹能在此些建築庭院，佇立了百年歲月？因為，所在地都是百年前的日本人生活場域，他們沒有文化包袱，

反而能敞開心胸，看待純美學苦楝花的澎湃綻放。或許，前人的禁忌淡薄多了，今天已有許多行道樹，用長長一抹淡紫色，描繪台灣的春天。

【我的詩】

苦楝苦戀

今年，滿樹的瘦紫為妳美麗
妳看見了嚒？

我的妻是一株楝樹
我也是，分別住在河的另一岸
三月剛破曉的早上，新月還在
編織愛情薄紗的祕密任務已經完成

晨眠持續，我的花特別輕紫
如雲霞的新顏色
偷偷地將手伸過了河底另一端
挽她，輕觸她的唇

依然熟睡中的她，喚醒
說，這樣的美麗為她綻放
我躍然的腳步成了振翅的雀

晨風裡，我擺動的梢間
所有的薄紫都在流動
像是指揮家的手勢在空中，輕柔地要求琴手
緩緩地，潺潺地，如落雪的速度
夜裡的殘月正在退場

亮度剛好，沒有影子隨行
一切都在濛濛地動身
我新釀的露酒成了縹緲的雲

晨煙尚未散去，城市也才魚白
第一道陽光還在趕路
淡紫，沁了許多水的彩畫

有些大氣地執著筆刷
用力抹著，珍藏了些許日子的色料
渲開，如水墨

有些像蒸霞，濕了天空的乳白與煙紫
我隱掩的醉意成了棲息的夢

晨光來了，清亮地耀眼
而且有溫度的俯視
我的戀紫成了年輕仙人下凡的理由

城市的脈搏恢復跳動
絲絲透入的陽光，幻了活潑的透明簾子
如同用清醒灌溉的瀲紫，施上了脂粉
這樣的春晴太明亮

我不捨的吻別成了獨行的風

我的妻，妳醒了嗎？
我不忍離去的花季已逝
今年，滿樹的瘦紫為妳美麗
妳看見了嚒？

順著月底，所有花瓣從此飄落
河的另一端，我將在那裡等待一年
明年，當我再度綻放寒紫的時候
妳會張望我的春天？

【詩後】

聽樹木的聲音

苦楝每當寒冬時節，總是葉片落盡，看似枯死，可是東南風輕拂，他又成了報春花，微香，含蘊幽幽，是相非相，是棄非棄。

這是我自己喜歡的作品，有時間的動感，也有情緒的轉折。〈苦楝苦戀〉一詩，詩中把時間的發生分成四段：晨眠、晨風、晨煙、晨光。對於小小苦楝花則用了八個形容詞，分別描述：輕紫、薄紫、淡紫、煙紫、戀紫、瀲紫、瘦紫與寒紫。其中，自己喜歡「瘦紫」一詞，靈感來自李清照的〈如夢令〉「知否？知否？應是綠肥紅瘦」，她的「瘦」字令人讚歎和疼惜。對於苦楝花的紫，我也鍾愛用「瘦」來形容他的碎小而美麗。

四月底，星期天的早上，無事，一杯咖啡一本書，心情暢朗，突然詩意襲來，一句句美麗的文字，形成有動態的光影劇場，我振筆書寫，從無光、微光、輕光、亮光。這些年來，謬寥，帶有些陰霾的獨居，情感生活早已空乏，年輕以來多騷動的情緒也雲淡風輕多年，沒有任何波瀾。只是，隱隱的情愫在苦楝花落了後，今早落筆寫詩時，自己也察覺依稀仍然盼望。過去的

（攝影／黃郁清）

戀情，如同一路走過的薄、煙、戀、瀲，到最後的瘦與寒。從年輕仙人的躍然，到年老詩人的遺憾。詩畢，發現自己尚未走出情傷。

關於在原農改場的這株老苦楝。

這幾年來，每每開車經過林森路，時間充裕的話，總會停車探視他的狀況，獨自拿著長鏡頭的相機在樹下徘徊，仰著頭，張望巨大的樹幹向天空伸展。旁邊的黑瓦老屋，伴隨老樹春去秋來，構圖好極了，任何人來拍攝，一定得到好畫面。我來，如果不是花季，喜歡捕捉樹幹交錯的影子，鏡頭裡就是樹影在地面輕移的感覺，冬陽天氣，起風時，擺動的影子如水中浮藻的模樣。這種氣氛，像極了蘇東坡筆下〈記承天寺夜遊〉所描述的「庭下如積水空明，水中藻荇交橫，蓋竹柏影也。何夜無月，何處無松柏，但少閒人如吾兩人者耳」。偶而得閒，也學得似蘇東坡的樂遊。

小時候，家裡有爿漫畫書店，那是快五十年前的事。從童年開始，我就是看漫畫長大的，至今依然興趣盎然。而今，家中書架上，仍有幾十套的典藏，偶爾翻閱，日本漫畫《家栽之人》就是其中之一。

書本裡的主角桑田義雄，他是家庭裁判所的判事，對青少年問題與家庭糾紛，有溫暖的人性關懷。每一冊有幾則故事，每一則故事，都有一種代表植物來對照議題，或是引發生命的話題，或是探討生活中不同的盼望。我喜歡書中每種植物所蘊藏的哲理，也欽佩作者表現舉重若輕的文學衍義方式。

桑田是個中年男子，喜歡植物，也喜歡婆心幫助一些正在困頓的人生。漫畫書本中，桑田對不同植物有不同的觀察與詮釋，書本裡，完全擺脫植物學者的論述方式，沒有界門綱目專業名稱，只有春夏秋冬四季感受；沒有單葉複葉辨識技巧，只有觀賞者的主觀感覺。我喜歡他的話語：「你給植物多少照顧，他就會有多少的成長……。」在他的眼中，每一個來家庭裁判所的孩子，都像一棵珍貴的植栽，需要人們的呵護與了解，才會順利成長，這是擬人的比喻，簡單，易懂，深刻，也充滿人性的關懷。

相對於青少年，在原農改場的這株苦楝老樹，我倒覺得他如同是被棄養的老人，寂寞地獨居，孑然於城市角落。九十年前，這裡是日本農事試驗場，設有農藝部、育種部、農藝化學部、畜產部、病理昆蟲部及庶務部。有主辦公室三棟，並有實驗室、作業室、網室、倉庫、牧夫舍和各種家畜、家畜的養殖舍。

熱絡，忙碌，許多農業學者、牧夫進出這裡，觀察所研究的農作物變化，記錄他們的生長

（攝影／黃郁清）

指數。我想，他們一定也會屢屢抬頭觀看這片院子裡其他大樹，有非洲的盾柱木，也有一株大葉欖仁，嫩葉、綠葉、黃葉、落葉。猜想，他們也欣賞這株苦楝迥異的四季風情：春花、夏蔭、秋果、冬枯，像是人生的上台下台，幕起幕落，幕落又幕起。苦楝每當寒冬時節，總是葉片落盡，看似枯死，可是東南風輕拂，他又成了報春花，微香，含蘊幽幽，是相非相，是棄非棄。目前，此處已被指定為市定古蹟，老建築修繕中，遊客罕至。

下次，再前去探訪這株老樹時，我應該學學《家栽之人》中的〈山毛櫸〉篇章裡的故事：桑田先生與朋友們上山，除了採菇之外，他們到了一處山毛櫸森林，大樹壯觀，眾人輕聲嘆呼。這時有另一名賞樹人也慕名隻身而來，不過，他的衣著是西裝領帶，並非休閒裝扮，自然引起側目，只見此「都市人」左手仍提著皮箱，對著老樹深深一鞠躬，接著從工作箱內取出醫生的聽診器。眾人好奇，他對桑田一群朋友解釋：

「聽樹木的聲音！」

接著進一步說明：「我在醫療器材公司做事，今早，忙裡偷閒去冰果室坐坐……在那裡看雜誌，有一篇報導是有關聽樹木的聲音……。」聽完他的解釋，大家興緻盎然輪流載上聽診器，一手把收音頭壓在樹上，「啊……我聽到了……樹木是活的……。」這是大家驚奇地發現，也驚呼著歡愉。這可能是樹木內微管的吸水聲，也可能是樹枝被風吹動的聲音，不管真正的原因，但是，聽診器一端傳來的轟轟怪音，卻是讓人驚喜的……樹木是活的……。

苦楝，苦戀，我年輕以來，這段三十多年長戀情，還活的？像是被遺棄在城市角落的老苦楝，我該用聽診器聆聽他的開花，開滿瘦紫花朵時的聲音。

我想，那將是我的愛情聲音吧。

莿桐

原住民過去沒有日曆、月曆，更沒有陽曆、陰曆，他們把季節掛在聖樹上，像是阿美族與毛柿（台灣黑檀）即是如此關係，如果是西拉雅族，則是依據莿桐的三月紅花，當是春天從這裡開始。過去台南這片平原有著西拉雅主要的四大部落，蕭壠社（今天的佳里區）、麻豆社（今天的麻豆區）、目加溜灣社（今天的善化區）、新港社（今天的新市區）。其他，如葛瑪蘭族是大葉山欖、鄒族是烏榕、邵族是茄苳等等。

在荷據時期之後，一些西拉雅族改以木棉當是他們新的聖樹，稱之「吉貝耍」，主要原因是這些近山區的大小社與荷蘭傳教士友好，從爪哇引進新奇的木棉成了友誼象徵，同樣是三月盛開的紅色木棉花，漸漸取代了原生種莿桐花。今天國立台南藝術大學所在地古名「班芝花腳」，班芝花即是木棉花，而南藝大的校花則是莿桐花，即是說明校址附近的台南官田區大崎里，早年的植物人文史。

其實，早在荷蘭人尚未來到這個島嶼前，這片台南土地除了西拉雅族人之外，就是成群的梅花鹿數量最多，至於樹木除了榕樹，就是莿桐、黃槿和梅花鹿最喜歡的構樹。葡萄牙水手路過台灣，沿著西海岸往北航行，稱這座蔥綠蒼鬱的島為福爾摩沙！他們在望遠鏡裡看到的美麗，是西拉雅族的春天。

【我的詩】

莿桐事件

看著你，像是在閱讀一本台灣歷史
我的十指觸及，用撫摸
觀察，你那複雜的縱橫紋幹
你像是一隻失溫
但依然高昂雙角的鹿
疲倦的腳
卻堅持一種優雅姿勢
你說你聽過，北風在港邊與汽笛和鳴

我不懂，不能擁抱的是歷史，還是生命
在月光的深巷裡，孤單與華麗

那是荷蘭人三色船旗與風帆颯颯的時代
西拉雅族的篝火曾在此地升起
低哦，吟唱祖靈
傳教士的心跳混雜著
東印度公司燠熱的酒歌
你說你看過，溫暖的空氣在南方
嚮往，天上的舒卷和飄浮
如冰咖啡上的鮮奶油，輕盈且微甜

更早，葡萄牙水手呼喊福爾摩沙
在單眼望遠鏡的另一端，看你
四百年後，又是另一個春天

第一次遇見你是驀然
在迷路的巷口
一個彎，宛如殿堂的聳立
眼前是孤獨，但是絕美
時間停在三月的紅花上
火樹迎春，那是平埔族的喜事
我想，四百多年散落的歲月，如何掌握
如何摸索我未曾熟悉的年代

第二次來看你是戀愛
樹影下的長椅
向著海邊，看到你的眼神與等待
我不懂，不能擁抱的是歷史，還是生命
在月光的深巷裡，孤單與華麗
牆角的菊，那是漁民新秋的顏色
有間奏的橫笛和牧童的夢
秋夜裡，我的思緒正閒愁

第三次探訪你是擔心
久旱，雨季不來
今年花色如何，新出窖的酒香，薰然？
這幾年的春天，許多人染上瘋櫻症
為了滿山落英的日本美學
水鳥驚飛，那是我獨愛的羽白
和你枝頭上台灣春色的紅
春分後，仍然等不到雨水

你還好吧？

民眾每天看著他們，春花、夏綠、秋黃、冬落的四季變化，與周遭的農村作息相應同步，老莿桐已成了鄉人的生活風景。

【詩後】

迷路的驚喜

旅居了台南十五年後，第一次去將軍，過去多恣意嬉遊在台南舊城裡，鮮少遠遊。將軍區，這個位於台南舊城北方，相距四十多公里的濱海小鎮，有一座日治時期的洋樓，近來經由有心人士改建為美術館，一對新識的藝術家夫妻在此聯展，一人燒窯製陶，一人則是以蠟染創意畫作。

開展酒會，受邀前往，我卻途中迷路了。

真的路不熟，錯過一個岔路，直駛了幾公里便分不出南北坐標。去一個陌生的地方，我習慣先參閱電子地圖，再手繪簡圖，Ａ４紙張，畫下從出發到目的地之間的主要幹道，中間有啥重要轉點，有何交錯的幹道，總會一一標誌清楚。手繪的好處是，筆觸中已經清晰地整理出路徑。換句話，我不習慣使用手機的ＧＰＳ，我繪圖，同時也在腦袋繪製自己的ＧＰＳ。我

039 莿桐

承認我是那種不愛問路的駕駛，這是對自己方向感的自負，但也是考驗。

記得在書上讀過，信鴿之所以能千里飛返居處，那是它的腦子裡有百萬顆生物微磁鐵。之後，科學家繼續研究發現，許多動物也有，包含人類，有趣的是，男女差距甚大。為何？科學家的結論：進化！很久很久以前，當人類還在石器時代，多由男人追捕野獸，他們常常幾天披星載月才有收穫，可是這時已經遠離居所，或許是荒野綿延，或許是森林蔽天，最後，他們總能找到回家園的路。而在家園的女人卻總知道什麼季節野莓最甜，什麼地方瓜果最香。之後，到了今天，女人已經進化完成，她們總是知道百貨公司周年慶時，哪個專櫃最便宜，哪個專賣店折扣最多。至於，男人還在進化中，所以，女人啊，千萬不要要求男人問路，說什麼路長在嘴巴上，不要為此事生氣，不值得啊，男人還在進化中，體諒他們吧。

我的迷路，果然有意外的驚喜。

人生在不經意處轉彎，總有非預期的風景，車子經過將軍國小，看到右側有些傳統磚瓦建築群，這是以前「將軍庄」群居的士紳宅院，甚至是清領時期當地「有頭有臉」人家們重要聚落，紅瓦紅磚，三合院建築形態，中間擁抱寬敞大埕，房子的狀況保持良好，仍有雞犬聲。

此時我已不急著找路，隨興，悠然，一個右轉，一株高大的樹，開滿紅花，赫然佇立眼前，那是什麼樹？急忙停車，抓起相機前往，竟然是一株已有三百年的莿桐，樹幹龍鍾崢嶸，勁虬揪扭，粗大雄偉，好看極了。莿桐！是莿桐！是盛開紅花的莿桐耶！內心有施放國慶煙花的雀躍，也有讚歎，更有「很榮幸遇見你」的欣喜。

之前，對「樹知識」是零的我，已經關注一些「樹新聞」零星資訊，二〇〇三年，當時縣市尚未合併，三月十四日有一則地方新聞「縣市老莿桐連理，市長提親」，事情是這樣的，一對百齡老莿桐，僅有一路之隔，八公尺吧，縣、市各自落戶，樹影卻交錯相連，但分屬台南市安南區與台南縣安定鄉，地方人士有意牽紅線，讓這對老樹「連理枝」。樹下的路徑，是附近聚落往返的出入要道，民眾每天看著他們，春花、夏綠、秋黃、冬落的四季變化，與周遭的農村作息相應同步，老莿桐已成了鄉人的生活風景。

二〇〇七年，曾經有報導台南大學附小朝陽樓南側，有株百年老莿桐病情嚴重。新聞後，假日我曾前去拍照。幾個月後，後續報導是老樹已壞死，必須移除，校方舉辦莿桐告別式「向莿桐爺爺說再見」，以音樂會的方式當是小朋友的生命教學。這是幾年前的故事，然而，如果我說這株老樹當年實際年數二三二歲，你會不會好奇怎麼推算？老樹的故事？

話說，南大附小二〇〇七年時「僅僅才」創校一百一十年，我們向上追溯歷史。

一七七五年，乾隆四十年，知府大人蔣元樞剛抵台灣府。當時，台灣府的「城」有七座城門，但是城門與城門之間城郭，四周僅以種植莿竹，再加上杉木圍柵，蔣元樞為了防禦工事又再圍植莿桐。南大附小就位在小南門城遺址附近，這棵莿桐即是當時城門外的樹柵之一，見證府城地理歷史。乾隆時期的廣植，也因此台南舊城得有「莿桐花城」稱謂，至於改稱「鳳凰花城」，則是日治時期新植鳳凰木緣故。

兩百多年來，校園老樹高大英挺，樹葉茂密。莿桐，春天會開滿紅花，花形像雞冠，台南人喜稱他為「雞公樹」。莿桐，屬蝶形花科，葉柄光滑無刺，但枝幹有黑刺，老熟後才脫落。有刺，可防衛，所以這位從泉州轉任台灣的知府蔣元樞，會有此種植莿桐政令。泉州早就有「莿桐花城」之謂，這位新任的知府，一下子把兩座老城做了歷史連結。可惜，如此意義深遠的老樹不敵褐根菌，或是說，如果能有預防保護，今天他或許依舊濃密樹蔭。

南大附小這株二三二歲老莿桐樹，最後記錄高約十六公尺，胸徑一・五公尺，胸圍三・九公尺，樹幅五十平方公尺。然而，將軍國小不遠巷內老莿桐遠遠大於這些數字，我僅僅「保守」稱他兩百歲。詩中，我想像他已四百餘歲，早在施琅將軍來台前，他已在此與西拉雅族相處百年，眺望路過的葡萄牙和荷蘭船隻。

這樣，你應該理解為何我初見此老莿桐的興奮。今年（二〇一三）春天雨水不豐，未知他三月紅花仍然滿樹否，樹況健康嗎？你一定能明白我的擔心。

大葉欖仁

清領時期的台南舊城，有二溪由東向西，穿城而過，北溪稱之「德慶溪」，南溪是「福安坑溪」。城垣之內，二溪之間，其中的「十字大街」，就是全台灣的商業中心，尤其民權路二段，荷據時期已經稱為「普羅民遮街」。

到了清領時期，這條十字大街因同行業店家或手工業者群居，區段分明，稱呼為：鞋街、草花街、打鐵街、打銀街、帽子街、竹仔街、做針街等等，可惜這些有特色的街坊不敵現代產業，也不堪日治時期的都市更新，古風盡失，留下一些百年老店，算是歷史見證。然而，橫行的小街，卻多保留原來格局，其中「番薯街」依然保有當年街巷寬度，雖然產業店肆已杳，成了尋常人家社區，卻頗耐人尋味，角落風景，依然幽韻動人。

我旅居多年，認識這道迷人歷史街巷，卻是某一冬夜，偶然遇見了一株家院裡的大樹，彳亍其間才開始的。

從「佳佳小南天文化旅店」的窗戶望下，旅店建築後方，老院子的場景好看極了，高聳碩大的大葉欖仁樹，佇立擎天，枝幹槎枒。所有憑窗觀望者，都會想像，如果能在樹下閒坐，幸福！如果黑瓦老屋再增有長長緣廊，鋪著木地板，像便利商店的關東煮廣告，情侶坐在緣廊相倚，看著老樹，那真是幸福！舊城鬧市的老巷弄裡，有閒適的居家尺寸，屋矮不礙雲，漫步其中，總是悠思綿延。

【我的詩】

我在這裡等春天

我在這裡等春天
春風那來，我青青的新衣
就會美美滿樹枝

我是一欉高高的欖仁樹
住在窄窄長長的細條巷仔厝
那天你手拿相機來把我找

隔著矮矮的牆仔頭
半開半關的門腳口
你問我在此已經多少冬？

樹桍大大樹皮粗粗

時間很久已經不載影
可能是嘉慶那時陣
時間很久我沒法去想

會記得那年厝老闆伊後生
把我徙來，站在這

日子一年一年過
過去的紅瓦紅磚古早厝

已經改作洗石仔的日本厝
同款的大埕，不同的是人影

時間一代一代過
過去的嘉慶光緒清朝事
已經改作黑厝瓦的昭和時
同款的大埕，不同的是人情

今年的冬天卡寒，風卡透
樹枝乾乾，葉子落得歸土腳
隔壁的阿伯，掃地的阿嬤
卡歹勢，你麥生氣把我罵

我在這裡等春天
春風那來，我青青的新衣
就會美美滿樹枝

我在這裡等春天
雨水那來，我高高的樹頭
就會把你遮日頭

【詩後】

樹成蔭時的小南天

第一次見到這株大葉欖仁樹的夜晚，新月隱隱，寒風蕭瑟，落葉等待。等待下一個春天，下下一個春天，我也等待有一天能在樹下，閒坐，喝茶。

一年冬天晚上，我與一群夥伴討論一棟老舊建築的新計畫，新屋主希望這個已經退役的六層樓，重新展現新風貌與人文線條，趁著台南近年來的「老屋開門」熱潮，乘風再起。地點是公園路與民族路口的小巷弄裡，一棟已經歇業多年的老賓館。我們決定走一趟現場，再議。

建築物只剩下骨架、樓板和牆壁，黑漆漆的看不出啥端倪，拿著手機，轉換成手電筒模式，一層一層小心地攀爬到頂樓陽台，環視周遭街道相關位置。建築體之前，有棟四樓街屋擋掉車馬喧；建築體之後，低矮人家燈光如豆，一片暗夜，牆下隱約是日治二層黑瓦老屋，方正的大院子裡峙立一株高聳大樹，太暗了，大家都在猜樹名，幾個可能，但是都不確定。

有人提議下樓繞過去瞧瞧。

從小巷子進去，再拐入更瘦的弄道。隔著矮牆，我們驚呼，竟然是大葉欖仁，雖是原生種，

051　大葉欖仁

但沒見過這般高大的，以前一直以為台南一中校園的大葉欖仁樹是台南之最，已有一百五十歲，那眼前的龐然巨樹，至少有兩百歲。發現奇蹟就隱身鬧市的靜巷，驀然驚喜，我是激動的。熱眼看著大葉欖仁，大夥決定為了這株老樹，讓更多人可以認識他，這個「文化旅店」老屋委任案，接了！而且要更努力！努力呼應老樹的生命力。

樹下的討論聲，驚擾了隔壁的阿公、阿嬤，他們以為我們在打眼前這座閒置院子的主意，黑瓦老屋，雜草漫長，老人家熱心地建議我們把這老樹砍伐，以免落葉滿庭。原來此處荒廢已久，寒風中，枯葉滿地，巷弄也是，每天阿嬤掃地，盼著新買主接手後，能夠大鋸大斧做個了斷。我理解阿嬤的念頭，只能苦笑。我想，老人家天天愁眼看著這株老樹，勤掃落葉，不易理解我們赫然發現這株老樹的欣喜與讚歎。

次日，冬陽煦煦，天氣好極了，迫不及待，手持相機再度拜訪老樹，想要看得清楚粗獷樹幹。站在小巷裡，攀著牆，雖不能撫觸，老樹仍是偉然。我開始猜著他的不凡身世，想想這附近的老房子在清代可是高級住宅區啊，如果不是哪個富商的家院，那也可能是官宦的內苑。剛一路來的小巷，清代時稱之「番薯崎」，順著昔日德慶溪畔，一道緩緩上坡的老街，再往前，可以接上商肆雲集，熙來攘往的清朝十字大街。

番薯崎的另一端，下坡，那個年代，往北跨過大橋，不遠就是大觀音亭，再過去就是清兵大營。我開始理得，因為大戶人家，院子裡種了些樹，時間久了，子孫遠散，老宅寥寂，這些老樹一百年了，兩百年了，就杵在這裡，哪裡也去不了，昔日熱鬧街道今天顯得瘦窄侷促。好消息，大型建築機具進不了這裡，屋主無力改建，就擺著唄！老屋更老，老樹更碩。樂了我，拿著相機，捕捉迷人的屋漏痕和斑駁，老樹的寒柯和陽光下的暖綠。

因為這株老樹，我見識到如此市中心巷弄內竟是靜謐閒適，自成一方。我開始梳理「番薯崎的故事」，清代時期的這段黃金小道，老地圖稱之「番薯街」，兩百多年前因許多販賣「地瓜簽」攤販而得名，至於鄰近住家們非富即貴。至於，我從佳佳小南天文化旅店前經過，一小段緩坡前，有爿勝興木炭百年老店，依舊營業，則述說這裡在日治時期曾經木炭店肆聚落。

緩坡旁的「小南天福德祠」創建於明鄭時期，即可明白，這片古地記錄著漢文化在這個島嶼的三百五十年歷史，「小南天」地名是永曆年間寧靖王朱術桂所命名的。這座土地公廟則是台灣最早的社神，也是台南民間隱藏版第一財神土地爺，昔日當地的富商巨賈，升斗小民都信仰祂的招財進寶。嘉慶年間，曾元福總兵公館創建在不遠處，自此神氣也沾了官氣，土地老爺加冠晉爵，由一身員外裝扮改穿官服祿帽，當然香火更盛。府城有千廟之城稱呼，什麼廟都有，

就是少了財神廟。想想，有了這麼財氣十足的土地廟，當地人樂得私下祭拜，偷偷地拜，悄聲不揚，財神廟就讓外人以為從缺吧。

門額「小南天」是清領時期，台灣首席書法家林朝英所寫，嘉慶己卯製刻，一八一九年。掛匾的那年，林朝英已逝四年，林朝英享年七十八歲，亦商亦儒，是那個年代的首富，字畫出萃，樂善好施也溫文儒雅。林朝英，字伯彥，署一峰，別署一峰亭。乾隆、嘉慶年間以書畫名噪一時，日治時期受漢學家尾崎秀真推崇為「清代台灣唯一的藝術家」，其書畫狂狷有力、豪氣干雲的筆勁，府城一些大寺廟仍懸掛他的匾書。

他晚年所撰寫的「小南天」三字已是圓潤隨興，不拘一體。從這些林林總總的歷史資料拼湊，即知此土地公廟的身世不凡。如果還覺不足，我再說，幾年前國稅局公布全國繳稅前十名的鄰里，九個在台北，第六名則是台南「天后里」，老街舊巷的社區，傳統老屋又小又舊，可是台南有錢人世代隱居於斯，深藏不露，外人不易窺探。這些有錢的「里民」們，他們平常祭拜的土地公廟，你猜，是那一座？

番薯街，土地公廟往南，再過去些，路邊有處傳統舊建築，現在是「茀立姆」（FILM）早午餐廳，前身則是清代置放官餉之處，屋頂都是粗大的桁木，密密排列，以防宵小掀瓦潛入，地板下方埋有巨石，避免有人挖地道盜金。這樣的老屋故事，足以證明老樹周圍多金不凡的社區地位。而今，巷弄寥寂，街貓悠哉，假日，偶有文史工作人導覽一群懷舊遊客穿街走巷，一陣喧譁後，又是靜寂無痕。

回想，第一次見到這株大葉欖仁樹的夜晚，新月隱隱，寒風蕭瑟，落葉等待。等待下一個春天，下下一個春天，我也等待有一天能在樹下，閒坐，喝茶。那時，我會想像，假設身處嘉慶年間，等著林朝英老先生路過，當他前來祭廟，邀他喝茶，也邀他潤筆，共赴春天。

台東漆樹

三十五年前，讀成大時，系館是今天的博物館建築，這棟建築創校時是「本館」，日本的說法是校園的主建築……行政與教職員辦公室。我就讀時，學校規模已比一九三一年創建時更擴大了，本館建築也改成數學系館，一個理學院的小學系。小小回顧歷史，一九三〇年世界人口剛滿二十億，我是嬰兒潮世代，就讀成大時，台灣人口已從一九三〇年的四百九十九萬膨脹為一千八百零二萬。人口飛快成長，學校的數量也順勢增加，但是遠遠來不及人口爆炸，當年台北老松國小的學生人數超過萬人。

成功大學比較特別，校園的增加遠大於學生人數的增加，新設的科系建築有無限的校地可以新建，所以，這些精巧古典的創校舊建築被刻意保留了下來，至今依然完好，一些老態可是迷人有韻，建築旁的老樹蒼鬱碩大，互映成趣。本館後有一棟小禮堂，稱之格致堂，這是我當年各科系考共同科目時的集中處，戲稱屠宰場，今天路過還是無法釋懷。再往後，就是物理系館前後棟，左右多添了兩層樓建築，形成封閉天井的系館，更顯遺世獨立，風雅靜謐。當年常往此處閒蕩，就是喜歡這種悄然，隱隱有孤獨美學的地方。

年輕時在此進出，不知日本人創建這些建築群時，有何心思，哲學的基礎是什麼。離校三十年，再回到年輕的學習空間，竟然瞭然八十年前一些思維痕跡，像是揭開泛黃的扉頁，裡面有殘墨可辨。這條風水線雖是日本人留下來的，線的另一端卻是繫著大唐年代，那個有李白、杜甫的千年前。而寂然好看的樹蔭，卻是來自花東縱谷的山水。

【我的詩】

龍穴上的台東漆樹

敞亮的天井有一株規矩的樹，不張揚
沒有官威，沒有嬪婷
就像幼童筆下的樹形，大號的花椰菜
不是池上的稻田阡陌旁明星樹，爍然秀雅
也非廟口繫上紅布的濃蔭老樹，神武
在封閉的風水地獨居，少人識得
每夜沁涼的星子偷偷探訪
晨風後，只有幾位學子路過
迴廊上有幾隻偶然的蒼鷺

愛凝視的綠色，起風
善等待的藍色，有些思念
至於月夜的黃色，則是徐徐的愛情

八十多年前，創校之初
日本人在肅肅穆穆的中軸線上
做了功課，有些陣法和布
從本館前的旗桿開始標誌一種矗
那是讓人仰望的山崖，向
所有陽光都灌溉著建築的這片牆
北投老磚，有陰陽十三溝的光影
這裡開始駐紮文明的期待
點一盞燈，打開書本吧！

中軸線過了小禮堂
穿入天井的夏風，是綠的
物理系館裡浴著黑瓦的陽光，是藍的
越過冷冷夜歌的月，則是黃的
這種靜美很難素描完整
如果，我去，只在樹下獨坐和閱讀
愛凝視的綠色，起風
善等待的藍色，有些思念
至於月夜的黃色，則是徐徐的愛情

老樹下有半圓的水池，泮池
跟孔廟郡學的泮池一樣，這是規矩
圓形的，皇上的辟雍
半圓的，則是納稅人的本分
池堤加了十二個墩石，那是講究

也是歷史的迷陣和糾葛

子，唐朝詩人們多是縱酒長安
丑，黑袍的物理教授則有咖啡癮
寅，青青子衿在槐花黃的三月，很忙
卯，實驗室的學生還沒下課
辰，花鈿仕女還是喜歡輕舞在華清池
巳，學理科的女生多是比較愛笑
午，大雁塔有守更的老人
未，勤掃落葉的校工靜默如僧
申，凌煙閣有面北的二十四英雄
酉，走廊掛著物理典範身影
戌，集賢院有梁陳齊周與隋代古書
亥，藏書的角落醉過秋風和雲絮

十二地支，首尾相接成了有始有終的玉玦

外圍的十二株蒲葵也是護持
有些對稱，也有些鏡射
幾何線條上是光學的稜角祭典
春夏之外有秋冬的圓滿
我說這方天井，晴季與雨季之間
多了風季和雪季
和夏天的白花季，多嬈

日本人真有心機啊
從此這株台東漆樹的山影在水中

【詩後】

一座舊城的DNA

許多傳統或是文化，時間久了，多會漸漸式微，但是，你不知道「它」又會在何地何時，重新被發現，禮失求諸野，就是這個意思。

回到年輕時期的校園寫詩，確實盡興，詩句裡面有我昔日的「唐文化」崇拜思緒，以前總以為那是我文學的鄉愁原點。三十五年前，真的寫了不少關於唐的瑰麗文章，這幾天從老抽屜找出泛黃的手稿，再度閱讀……竟然覺得我以前文筆比較好之慨。

大二時曾有一篇〈清平調與我與詩人〉，文章裡的我，是唐玄宗，我自比擬是他，以他的口吻跟李白對談，一手攬著楊貴妃的腰，一手持著酒杯向李白遞上，因為李白正為我寫著〈清平調〉三首，我殷殷地等他酒醒詩成。我們來看看當年瘦弱的筆寫下的部分句子：

「雲想衣裳花想容」——詩人，你是獨步的歌者。你醉了吧，否則你怎麼說雲和花可以釀酒。在沉香亭，許多人撫絲竹，你以想想命名妃子，促歌。我調奏山笛，端莊的風流，風流微啟的花。於是，流星雨放下閃目的珠簾，沉靜的光流以千槳搖不醒你的醉船。詩人，今晚，你陪我守夜。

「春風拂檻露華濃」——詩人，你能再飲否？妃子舞霓裳蹈羽衣，十隻手指十朵鳳仙，一個移步一株桃李。我捲衣、磨墨，詩人，你能潑墨書詩這許多？舞影不斷，含笑芙蓉仍攏著一池春水渡來。動筆吧！詩人。

「若非群玉山頭見」——今夜星辰今夜風。詩人，你說妃子是群玉之山的仙人。來、來，詩人，我們再飲千觴，我贈你一襲江南柳。詩人，檽外有輕雷，來人說芍藥正盛開。

「會向瑤台月下逢」——詩人，你說你曾浪跡蜀道。我卻喜歡你那金陵的酒，玉關的風煙，風煙和酒，總是情濃，你什麼時候情薄？

年輕總是多綺想，〈清平調〉有三首，這裡僅摘錄一首。記得高中時還曾寫著「我與楊貴妃在馬嵬坡訣別」之類的小文，可惜已失佚。這是小憾事。這些舊事都是文青年代的過去式，離開學校投入職場，便是「打工仔生涯」，一走，就是二十幾年，不再聞問文學雅事。

二〇〇七年寫了《慢食府城》，第一本書，已是五十歲的事，之後筆耕不斷，平均一年一本新書。記得，為了第一本新書宣傳，走進不少電台錄音室，一次上了張曼娟的節目，她瞧了名片說，你的名字跟我一位朋友王浩威很像！我回話，我也認識他，而且還同爹同娘呢。大訝，大笑。之後，我就成了「王浩威的哥哥」在江湖行走。二〇一三年，身為精神科醫生的王浩威出版了《晚熟世代》，九月，他在台南誠品書店有一場新書發表會，我自願擔任引言人與對談人，兄弟同台也是趣事。因為，台南是我的主場，開場時，我說了「今天跟大家介紹的這位作家是……王浩一的弟弟……」台下哄堂大笑。

今天跟大家介紹的這株老樹是……台東漆樹，既然冠上「台東」，便知他是台灣特有種，分布在東海岸、蘭嶼、綠島，菲律賓也有其蹤跡。先民稱謂「番漆」，這個番字有鄙意，說的是原住民。在合成塗料（化學漆）尚未發明之前，古人就以天然漆當是重要塗料，台東漆樹在古籍中記載：「漆木汁，可以髹物，象形桼如水滴下，木高二三丈，葉如椿樗，皮白而心黃，六七月間以斧破其皮開，以竹管承之，汁滴則為漆……。」

物理系館裡這株百年漆樹，幹上繫著紙卡說「汁液有毒」，要小心。其實是誤會，新鮮的汁液沾染到皮膚，會發癢不止，這是「漆酚」所引起的皮膚過敏，才被誤傳「有毒」，其實，當漆液乾燥形成薄膜後，即無害。每年夏季花期，樹梢覆蓋滿滿白花，一片雪白。這樣的美麗，尤其繁花落了一地，更是好看。中秋後，結實成熟，果實長相特別，上層是種子，下層是果托，可食但味道平平，稱不上美味。

許多傳統或是文化，時間久了，多會漸漸式微，但是，你不知道「它」又會在何地何時，重新被發現，禮失求諸野，就是這個意思。台南是一座明朝末年創建的城市，是漢人王朝最後的壓卷處，舊城這三百多年來，變化的，有！但保留的也不少，明朝重視五行，強調陰陽吉凶，也在方位與信仰中，留有許多堅持。這些文化元素，都隱晦地成了這座城市的ＤＮＡ。

我不是台南人，中年後才旅居這座舊城，我的「台灣史」是在田野調查中完成的，我的「建築學分」也是在這座舊城裡自修完成的。台南處處充滿隱隱不顯的歷史痕跡和文化遺風，在兩三百年的老廟可以輕鬆地找到線索，而且是豐富的；在許多日治時期留下來的百年建築裡，也經常洩漏一些文化密碼，即使在如此老大學舊建築裡，也可以發現「文化的屋漏痕」。

八十多年前，日本人把台東的山影移植到這半圓的泮池旁，這真是有許多想像空間。

【輯二】

俱在樹下一寐中——
明清歷史舊事

老梅

每次獨自造訪延平郡王祠，總會繞到後殿天井看看老梅，這是我的「台南十大最美麗角落」之一，綠葉紅牆，閒適怡然。

偶在此擔任導覽一職，總是安排旅人們環坐在天井三側，我站在樹下開講，娓娓道來鄭成功四代人的故事，從十七歲鄭芝龍離開家鄉開始，他先到了澳門闖蕩，一路冒險，縱橫海峽，最後的最後，到了明鄭大旗頹然倒下。從一六二一年，明天啟元年，到一六八三年，清康熙二十二年，也是永曆年號結束的一年。

其間六十二年，鄭家四代人出現了道德光譜中所有的名詞，左右極端，有可敬的，有可鄙的；有鞠躬盡瘁的，有算計投機的；有忠義的，有背叛的；有濃情者，有情薄者。大時代裡的大家族故事，在古梅祠堂前，白花紅牆，輕輕道來，總是讓人深覺那個大時代的人性淬鍊，真是不可思議。

出了延平郡王祠，回頭，再看看前廳大門上的白底藍字木匾——「前無古人」，每每感慨萬千。

【我的詩】

母親牌位前的古梅

因為思念，這個島就改稱安平吧
我的故鄉是福建安平，母親死在那裡
也葬在那裡，我親手掩埋的孤墳
記得是冬至已過，小寒未來
母親以她從日本帶來的青刃
宛若武士的貞節，刺下
從左腹，染紅的白袍，血線到了右側
那時候我還年輕，送別了母親

鄭經，我的兒移來幾株廈門幼梅在墳前
他說，冬殘歲已盡
清白花瓣是我的魂，暗香是我的情

也斷絕了父親，他說他要去當貳臣
用靈魂交換富貴
我的淚喚不回父親的背影，我說
父親，從此永別吧
如不幸，我再以縞素送你
母親之死，我知道了孤兒眉宇間的峻絕
父親的叛，我明白身後的招討大將軍黃旗
將是北望孤臣的復仇與戰魂

十五年後，我不再年輕
我的白髮，我的悲懣，只剩下安平的孤城

母親曾說，懷孕時她午寐朦夢
一隻躍起的藍色鯨魚
水花激烈撞入她的腹中
悚然驚醒，僂腰坐榻，雙手抱腳
黃昏，她獨步海沙凝視水平線
思索夢鯨，海風撥弄髮髻
突來陣痛後，母親生下了我
哇哇啼聲叫響整面海洋
我張眼，先看到的是一片海
和母親的溫柔
誕生石從此成了一種傳說

在安平端午後三天，我端坐如松
逝去，沒有語言告別，也無悵然
這是我選擇的再見姿勢
當晚，在夢中我揮手遠去
許多人看見藍鯨來接我，飄去如雲

鄭經，我的兒移來幾株廈門幼梅在墳前
他說，冬殘歲已盡
清白花瓣是我的魂，暗香是我的情
崢嶸勁幹是我的骨，寒枝是我的節
從此，許多台南人來我的墳看我，也看梅

百年後，蔣允焄把老梅移入鴻指園
那是有紅磚高牆的官家花園
囚禁寒春的花朵和白色的思念
梅已老，葉也瘦，花仍嬌
初春浮香偷偷逸出，洩漏花情

牆外的路人還是知道了園內梅花盛開
也知道開山路的小廟
繼續有三炷香焚著，如梅魂
年年綻放

又過了百年，沈葆楨請來同治聖旨
把開山小廟改建成氣派官廟
奉旨祀典的石碑嵌入牆中
屋簷高舉燕尾微翹

他說，坐西望東是我跨海而來的方向
也是春風吹來的方向
古梅又從府署高牆園林移來
在太妃祠天井栽下
倚著牆，依著窗，仰著瓦
他又說，要讓台南人再度賞讀夏葉冬花
也讓我的母親每年聞著梅香

嗯，母親牌位前，有梅真好

【詩後】

魂魄化為梅香

台灣本無梅，鄭經從廈門引進幾株幼梅栽植於父親墳前，當是無限相思。自此台南與梅之間有了一種難以言喻的情感。

泅泳在文史工作中，偶有一些小線索進入了視野，好奇，挖掘，然後順著蛛絲馬跡，一路追根究底，有時尋得特有的「文史知識系統」，我想，這就是我自稱的「小論文觀點」吧，「墳前樹」的故事就是這樣慢慢挖掘來的，而延平郡王祠的梅樹所負載的動人故事，更加芬芳。

話說，當年寧靖王朱術桂在得知鄭克塽決定無條件投降之際，他確意殉國，告知王府中五位姬妾說：「孤不德，顛沛海外，冀保餘年，以見先帝、先王於地下；今大事已去，孤死有日，汝輩幼艾，可自計也。」改嫁或是出家當尼姑也可，寧靖王帶有些自責的表情，輕輕說出他的想法。

結果，這五位年輕女子選擇第三答案，自縊！說道：「王爺你決定殉國，我們也可以殉夫，賜送給我們白綢長綾吧，我們先到九泉之下，等你，再伺候你。」她們一字排開同時自縊後廳長梁上，王爺收屍入殮，將棺柩運往台南南邊「魁斗山」丘地。葬後，王爺持香祭拜，禱道：「都亡國了，就不封不樹吧！」隨手將三炷香往地上一插。

不封不樹？不懂！後來研究理得，原來「不封」即是在墳丘前不立墓碑；「不樹」即是不循古禮在墳前種樹。後話，此墳丘在乾隆十一年，由巡台御史下令修墓、立碑、建廟，即是眾知的「五妃廟」。我則好奇，古人一般都在墳前種些什麼樹？為什麼？我開始挖掘歷史書冊裡的記載。

帝王墓稱為「陵」，王侯墓稱為「塚」，平民墓則稱為「墳」，只有兩位聖人的墓才稱為「林」，「關林」指的是洛陽南郊關公墓園，「孔林」則是孔子的山東曲阜墓園。我開始深入歷史這道人煙罕至的小徑，企圖理解古人對「墳前樹」的想法與哲學。

關林的古柏林與石碑林相映襯，是的，古人多偏愛柏樹，黃帝陵前也是古柏參天，至於諸葛孔明的墳址雖已不可考，但是從杜甫詩中也可理得當年也是柏樹成林。松柏之志，這是古人追求「堅貞不移的志節」，種柏，種松，都是如此心思。在台南柳營的陳永華墳前，則栽植有兩株羅漢松老樹，這是當年謝東閔任省主席之際，他幫陳永華修墳時所種，南台灣高溫多陽光，以羅漢松代替黑松，我是如此臆測謝東閔當年，他站立在修繕後的「明鄭諸葛陳永華」墳前，手持三炷香時的悼詞。

至於萬世師表孔子，則由子貢種下第一株楷木後，孔林如今楷木古樹群數量驚人，楷木正是指「黃連木」，「其幹枝疏而不屈」，意指其樹枝不易彎曲，稱的上是樹中之模範。另外一位聖人周公，其墓前種有「模樹」，傳說此樹神奇，葉子顏色四季都不同，春綠、夏紅、秋白、冬玄，符合五行變化，可惜此樹已絕跡。但是這兩位聖人的「楷木」與「模樹」墳前樹合稱「楷模」，這就是此詞彙的由來，兩個字都是木部首，懂了，下次就不會寫錯了。

有兩個特例：岳飛死後被隱葬，墳前種植兩株橘樹當是標記。後來宋孝宗昭雪冤屈，將岳飛改以國葬，遷葬於西湖畔。明朝時，有人在岳飛墓前植檜樹，再舉刀一劈為二，號稱「分屍檜」，這是特別狀況，因為害死岳飛的首犯是秦檜，檜木成了待罪象徵，幾百年後的明朝人，火氣還是很大。更特別的是，「檜」字，千年來沒有人再以此命名。

第二特例，是春秋時期伍子胥墳前的梓木，伍子胥在吳王夫差送來寶劍，賜死前，對著兒子說死後在我到墳前種上梓木吧！他的意思是，有一天夫差亡國時，這些梓木就當是吳王的棺材，以前，國君的靈柩材料都選用梓木，不裂不蛀不變形，這種木棺稱之「梓宮」。梓木也是古時上好的印刷版材料，不怕潮不畏乾燥，因此把稿件交付刊印叫「付梓」。伍子胥自己選擇

墳前種梓木，他是恨！

墳前樹，主要是後人景仰墓主人的德行或是功勳，所表達的愛與不朽尊崇。一六六二年，端午節後三天，鄭成功溘逝，被葬於台南永康洲子尾，台灣無梅，鄭經從廈門引進幾株幼梅栽植於父親墳前，當是無限相思。自此台南與梅之間有了一種難以言喻的情感，幽幽地以梅代表鄭成功的魂魄與精神。

幾年前，我常常漫步台南舊城，一次在祀典武廟三川門，看到大張紅紙墨跡新鮮，寫著「古梅綻放」大字，真是雅意啊，台南人！這是我當時的讚歎。多年後，文史田野調查日久，終於明白台南人與鄭成功的優雅馨香關係，也知道了府城隍廟後院有幾株老梅，西華堂左側白牆前亦有一株逾二百歲的老梅，可惜近年來樹況漸差。台南人總喜歡在老廟後院種上幾株梅，是緬懷，也是悠然。我真喜歡這種態度，含蓄，惜情。

當然，延平郡王祠正殿後的天井古梅，最讓人有思古幽情。說說以這幾株梅當是軸線的歷史，從幼梅、老梅、古梅到新梅的故事。

一六六二年，鄭成功病逝熱蘭遮城，鄭經在父墳前種下幼梅。一六九九年，康熙示意被軟禁在北京的鄭克塽，寫份摺子說要歸葬祖父與父親遺骸回福建南安老家，自此，鄭成功與鄭經的墳穴就空了，徒留墳前幾株梅樹，向著夕陽。

直到乾隆三十年，一七六五年，知府蔣允焄擴建了府署園庭，稱之「鴻指園」，他將空墳前的老梅移植至此，他撰寫了〈鴻指園記〉隱喻為官之道在於「去無所貪，來無所戀」，明志寄情，但老梅因此囚植高牆之中，官家自賞，百姓杳不可見。直到光緒元年，一八七五年，沈葆楨因所奏建的「開山神廟」落成了，他再度將府署古梅搬遷，植在新廟祠堂的天井裡，與鄭成功魂魄再度相映。約是三十年前，古梅陸續枯死，市政府他處移來老梅代替，新不如舊，但總是薪火相傳，精神常春。

今年（二〇一三）正月，梅香依舊，我獨坐正殿後天井，太妃祠前，偶有思緒萌發，一天，我的墳前會有什麼樹栽下？如果我可以選擇，該會是什麼？

龍眼、樟樹、緬梔

帶隊導覽「暖緣之旅」深度旅行，我總喜歡從東門路的彌陀寺開始。這個起點，是很久以前，鄭經為了寡居的母親所建的佛寺。在此，我細說明鄭往年舊事的一樁樁。再指著一旁的巷弄小道，說這裡曾是德慶溪的溪谷，溪谷這邊是彌陀寺，而溪谷另一邊則是台南神學院。

神學院的行政大樓外觀實在不行，客氣地說這是「低調」，一夥人隨著我從東門路進入校園後門，第一次來的人們，總是狐疑的眼神，這裡有啥好看？基於禮貌，大家都緘默，安靜地穿過了大樓廊道，驀然，眼前一片楓香小樹林，鬱鬱蒼蒼，一座極其好看的老教堂佇立，所有的人都訝然，驚呼。這是我喜歡的戲劇效果，有反差，一處肅然又恬靜的校園，悄然在前。

這裡是台南神學院的大學校園，清領時期，有過一百五十多年光陰，住著台灣首富世家，北郊大商。穿越過新樓街，就是研究所校區與宿舍區，此處更早是這位大商人的後花園，多綠，寂然又悠閒的一方天地，一般台南市民也少進入的清靜世界。我不能說，這裡是我的私房景點，但老緬梔花樹下的長椅，則是我認為的「台南十大美麗角落」之一。

龍眼木

【我的詩】

問三老

落花滿地，你曾經有夢想嗎？
台灣歷史在你的樹影中模糊如夢

初問，龍眼木

你有看過兩百五十年前的午後陽光嗎？
那是什麼樣的季節？
你從泉州搖搖蕩蕩而來
當年蘇萬利的後花園，如何歡迎
你這位嬌客，清風舞在溪谷
一些柳枝探著身，擺弄著散髮
許多蜻蜓在黃昏的濃密竹林，飛舞

走來如玉的美女，是你
你從德慶溪的支流上岸
雙鬢斑白的老商人從他的故鄉
率領著船隊向東，作夢的方向
他有提起爾後你將在這片平原繁衍後代？
伸引出甜情無限？
雖然是小樹苗，瘦瘦伶伶的，可是
你知道以後每年的四月，南台灣的空氣
會因你，充滿濃郁的蜜香？

二百五十年了，老龍眼木
上個夏天，漫開的小碎花在你的髮茨
樹下，所有的甜味都在夢遊
秋初的雨打落所有的蜜果，在陽光下釀酒

你還記得兩百五十年前的午後陽光嗎？
你年輕的枝幹，停落幾隻蝴蝶
不遠處的櫓槳水聲
一些些興奮和焦慮
他們討論著夏天雨水和秋天的高雲
南風微熱，人們
都是慕名你的甜美而來，你可知？

再問，老樟樹

當年要出城的人們
你有瞧見他們的眼神？

那是什麼樣的顏色
腳步輕移，還是緩慢老邁？
城外是田陌，再遠就是山林
許多夏天的露水和沉默的星子
你佇立在路旁不遠，有座佛寺
那是跟你的年紀相仿吧！

你在溪流的西岸，鐘聲在東岸
當年鄭經為了母親在此，讀佛
他創建了彌陀寺，紅瓦粉牆
從安平的王城渡海，再以牛車前來
只為了一段心經和偈語
詩人他年輕的身影你曾看過？
流水潺潺，彼時的蓮有醒著

在初秋的夜裡與你看星看雲看月亮？
老商人搬遷來此，天上星河明亮
紅磚厝一棟棟疊起，之後
一百五十年，他的家人走了
你仍記得，這曾經是首富的蘇家？

三百四十年了，老樟樹
風把你樹皮上的文章刻痕拭去
這些日子，藏身在車棚旁，你只用綠葉
就輕輕浮起這個島嶼與雲朵旁的彩虹
然後，又與人群湮水遙隔
獨坐如抄經文的老僧

我好奇，當鄭經不再年輕的身影
你也曾看過？

他是隻身前來嗎？微微飄搖的風
你可察覺他的身影憔悴嗎？

三問，緬梔老樹

你依然記得墨西哥的海風和海盜的酒歌？

那是什麼樣的黑色旗幟
他們說著葡萄牙話還是舞著佛朗明哥？
航越太平洋，你在安平紮根
在荷蘭古堡外的庭院娉婷著，開花
很香，像茉莉，漳州人稱你是番茉莉
台灣海峽的風向與潮浪混著異國風情

當年，老商人迷戀你玉樹秀美的身影，他說
我在溪谷旁的小丘，為你築有聽雨亭

緬梔

二百五十年前
他把你從安平遷居到這裡，迎客
要大家看見你端莊的綠幹如鹿角
炫耀滿地的黃白如蓮
此地，濤聲不再
多了鳥鳴和客人的讚美
日昇日落，荷蘭人走遠了
鄭成功子孫也回去了，花開花落
蘇萬利的後代和日本人來了又走
現在是基督徒的詩歌，在朗誦

三百七十年了，緬梔老樹
只有你還在，還在綻放著滿樹的花
湮水間，你用淨雅的花香描摹
我們先民的遷徙，起落，和夢想
落花滿地，你曾經有夢想嗎？
台灣歷史在你的樹影中模糊如夢
老樹，許多遊人曾雙手捧著你的花香
你想家嗎？海洋另一端的墨西哥

【詩後】

私喜之地

三百六十年後，這裡的溪谷地形依然，青煙樹林依舊。想想，台南舊城裡總有幾處「不知有漢，無論魏晉」的「老地方」。

我真的喜歡這裡，台南神學院校園，帶有私人情緒地喜歡。

年輕時，就讀成功大學，大二時迫不及待搬出校舍，就在東門路上落腳，那裡是神學院對街的「聖米迦勒學舍」，一群大男生，就在長老教會系統的學生宿舍住下。沒有宗教交換條件，開放，自在地與一群成大各個科系同學交流，也成了我吸收綜合知識的好地方。

傍晚，下課後，總吆喝一群人到神學院的籃球場鬥牛，那是我的青春時代。當時只覺得校園老樹甚多，建築物分散四處，更顯空間閒淡與世無爭，當然也有些神祕，看不到什麼人，青春的我完全無法理得這裡的歷史變遷，進出這裡的校園，為的是空蕩蕩的球場，能在那揮霍體力。一年半後，我搬離東門路，另外賃屋。再回到神學院校園，是二十多年後了，白雲蒼狗，添了人事歷練，也多了文史工作訓練，我開始梳理這裡的過往雲煙。

這塊土地的身世很神奇。因為單純，前後只有兩個主人，所以神奇。

第一個主人是「北郊」蘇萬利。在此一大片面積，是台南神學院的大學校園，與新樓街對面的研究生宿舍區總和，清領時期，大約有一百五十多年光陰，住著台灣首富世家——北郊大商——蘇萬利及其後代，時間落在乾隆初葉到光緒初年之間。話說，乾隆年間台灣經濟第一次起飛，商人們根據行業別組成了種種商會，當時稱之「郊」，這是從《易經》的字眼衍生為「批發商集團」的稱呼，這些大大小小商團，以北郊、南郊、糖郊「三郊」財力規模最鉅，影響力最深遠，其中，又以北郊蘇萬利為「大哥大大」。

這位北郊大商，當年故居宅院遺址就在此，家大業大，後花園也甚是廣闊。東側，至今仍留有溪谷殘跡，這是台南母親河德慶溪支流的源頭之一，當年溪水漾波還可以泛舟，蘇大商人在溪谷左岸設有迎賓碼頭，搖櫓而來的客人下了船，拾階而上。

迎在眼前的，就是當年他從安平移植來的百年緬梔老樹，那是大航海時代荷蘭人從墨西哥所引進的美麗樹種，最早栽種在熱蘭遮城邊，娉婷的花樹暗香洋溢。從舊事爬梳，此樹會佇立在此，這是蘇大商人的炫富心情，他花了銀兩，買了這株老樹，遷植來此，樹旁設有賞花亭，清風微拂溪水潺潺。

龍眼木

為了炫耀，後花園裡有許多奇花異果，總是引發訪客嘖嘖稱奇，蘇萬利成了那個年代的果樹引進者或是推動者。如果，我說當年庭園內植栽著香蕉、枇杷、楊桃、荔枝，你可能會說有啥了不起，但是，明白了那個時代，台灣才從泉州等處引進這些果樹不久，不普遍，而且稀有，院中樹上又結實累累，應該是令訪客稱羨的。看著訪客訝然的表情，我們可以想像蘇大商人得意的笑容，和一絲閃光的驕傲眼神。

至今，校園內仍有一株台灣最老的龍眼木，推估應是乾隆四十年左右，蘇萬利從他故鄉泉州引進，親手栽種。之後，他大力推動南台灣民家也大量種植龍眼，這是經濟果樹，仲夏豐收，他又教導民家以泉州古法烘焙，此古法乃以枯乾的龍眼木頭燒著文火，帶著特有的香味熱煙，竄向窯槽，長達四天三夜不斷烘烤，將新鮮的龍眼製成蜜香濃郁的桂圓。中秋後，他統籌收購了這些大量龍眼乾，再轉賣到福州和以北的城市。歷史記載，那個年代北郊輸入寧波綢緞、四川藥材、牛莊藥膏、天津棉花等高級物資到台灣，而他輸出了蔗糖、樟腦和龍眼乾「台灣三寶」。除了老龍眼木，校園車棚旁還留有一株三百歲的老樟樹，算是北郊主人在此，對歷史的經濟產物做個註腳吧！

大宅院座北朝南，臨今天的東門路。東門路，是荷據時期普羅民遮街由赤崁台地蜿蜒而來的東大街，商業要道，三百八十年前荷蘭人就開闢出來的歷史大街，一路延伸到東區、仁德區、歸仁區，甚至關廟區。大街在此跨過德慶溪，再穿越大東門，台灣府城第一座城門。

簡單描述，德慶溪東岸有彌陀寺，西岸則是蘇萬利的故宅。也說明一下當年畫面，蘇萬利出了大宅門，往右，是店肆雲集的清朝十字大街市中心，更遠就是安平了。往左，出了大東門就是北郊和其他郊商的農貨倉庫，接著是廣闊的農地田野。

至於彌陀寺則是一六六五年，二十四歲的鄭經為了母親所創建的。當年，台灣尚未有佛寺，鄭經選擇臨傍溪谷的台地，座北朝南，磚砌了白牆紅瓦僧伽居住、修行的地方。想像當時彌陀寺右有德慶溪源頭蜿過，寺前有緩丘，再過去，坡道微降視野大開，遠處群巒迆邐南去。

一六六二年，三十九歲鄭成功去世，鄭經的母親四十歲，守寡。鄭經以孝順聞名，他創建彌陀寺於此，台灣第一佛寺，讓母親的信仰有了寄託。想想，母親住在熱蘭遮城（安平古堡）裡，早餐後梳洗一番，搭著船，渡過台江內海，到了今天西門路與民權路交口，當年有處碼頭，下船，登上牛車，一路顛簸往東，悠悠過了德慶溪橋，終於到了彌陀寺，敲著木魚，唸讀幾則經文，已是中午。用過午膳，休息後，再焚香禱告口頌經文，起身準備回安平，又是牛車，又是渡船，回到古堡應是夕陽西照。不知道，當初創建佛陀山門，鄭經有無「心機」？讓母親兩

樟樹

地來回，少了喪夫寂寞？而創建佛寺之際，鄭經才二十四歲，非常年輕，不知他常不常陪著母親來此？天主教徒的他，來此伽藍佛地，他在想什麼？

今天，明鄭時期的西門路海岸線已前進到安平外海，清朝的東大街已是車馬喧譁的東門路，滄海桑田，只能想像三百多年前，這裡可是山靈毓秀氤氳之地。而今，彌陀寺已改建成三層北方式樣水泥建築，龐大擁擠，失去清幽勝地的空靈感，道氣已杳。至於，溪水另一側的蘇萬利大宅院，成了台南神學院校園，第二任主人在此經營已超過一百一十年，後花園清朗依舊，清風曉月，老樹鬱鬱蒼蒼。

時間倒帶，神學院時期的一百一十年、蘇家時期一百五十年，再回溯一百年漫草雜林，彌陀寺幽然遺世獨立。三百六十年後，這裡的溪谷地形依然，青煙樹林依舊。想想，台南舊城裡總有幾處「不知有漢，無論魏晉」的「老地方」，神奇，珍貴，他們都留下老樹見證歷史。我「問」校園裡三株老樹，多年過去了，記得那位幾分貴氣的蘇大商人？

想想，年輕時的我，相似當年鄭經年紀，能在此悠然進出，幸福。

三十多年後，重遊故地，景色如斯，能再來探訪這些老樹，欣喜。

羅漢松

關於明鄭時期的陳永華，那是金庸筆下的天地會總舵主陳近南，總有浪漫英雄的想像，那個年代以草莽的正義，反清復明的使命，潛伏，躍出，神祕的幫派有特別的手勢和切口，揮著七星旗，黑色的軍隊隱身在玄天上帝的廟會。今天看來，總覺得那是像極了電影裡好看的關鍵鏡頭，抹著看不清的薄霧，在大明與大清之間，拉著一定會斷的最後線頭，悲壯，史詩般的落幕英雄。

陳永華於明鄭經營台灣時「職兼將相」，史家說「啟拓台灣的實業，創立台灣的教育、整飭吏治，強固治安，遂使台灣不讓內地，被稱樂土」。然而，在鄭經敗戰後，不理國政之下，他遭馮錫范、劉國軒諸將所妒。辭謝兵權後，下野走人，到了台南六甲區的赤山堡，前有龍湖，隱居。陳永華一六八〇年死後，故居改建為寺廟，稱龍湖巖（閩人稱寺為巖）。

其墓在天興州果毅後（明鄭的行政名稱，今之柳營區果毅後）。康熙年間陳永華夫婦遺骸遷葬故居泉州府同安縣，舊碑廢置原墓（當年故意殘留一截遺骨），碑刻：「皇明贈資善大夫正治上卿都察院左都御史總制諮議參軍監軍御史諡文正陳公暨配夫人淑貞洪氏墓」。此碑遺落二百餘年後，於一九三〇年被發現。光復後，在謝東閩任省主席時，大力修繕，嵌有「輔贊功深」石碑，並手植羅漢松墳前樹紀念，以表彰「松柏之志」。在陳永華死後三百三十多年後，我前去悼念，詩成。

【我的詩】

英雄塚與羅漢松

瘦長的劍葉，每個星夜都有羅漢托缽歸來
一腔男聲，有古韻和慈悲
袈裟不即，剃度不離，一些光澤仍有記憶
一六七四年五月，有歌
看到安平外海的燈火
桅桿晃動，帆葉颯颯拍響整個海面
水師的篝火映亮老舊的海圖
明天曦光前，要西往了
拔錨，也收起探海錘
鄭經佇立船艏，右手掄拳
那是西征的航行
岸邊有飄飄青葛衣的您，送行
那是中年男子揮別的劍
隱隱嘶喊，有悲愴的國仇
　過海後把大明的國殤，奮力燒盡
　讓戰魂從東邊海上，隨陽光再度升起
風，不再海湄徘徊
都去了推動舷帆，向西直去
金門和廈門，當年鄭成功離開的地方
　去跟康熙怒說，我們回來了！

半年前，有虹
　鄭經向咨議參軍陳永華的您說
　　長子是我的驕傲，十四歲，鄭家碩果
　我攜著提親紅籃來
　未來讓他與你陳家三女結婚吧！
年輕的綠與未來的紅，將停落在歷史線上
他是監國，您是輔佐的大松

您向延平王鄭經說
　昨夜寅時，在燕潭紅花亭
天地會已歃血，我們用三把半大香
黃花，祭文宗史可法
白酒，拜武宗鄭成功
在眾星之中，燦爛的臉龐有飛揚的旗
和火焰的飄閃，那是轟響的戰歌
以天為父以地為母的弟兄
他們是潛行者，在敵人後方設下荊棘
　我們進廟祭拜上帝公吧！
黑色的七星旗將是一道
黝亮的匕首，刺向清軍的心臟

再六年後，有悔
敗戰的鄭軍，回到安平
那是所有的苦澀與酸楚的落日
寒鴉棲息於蒼白的針葉林
鄭經回頭看西的眼睫已是冷峭而絕
灰白早生的鬢，怎麼攏也是亂
　復甫啊，我對不起父親
海峽的那岸是無路的千古
芒白，霜白，都是我失血的顏色
我將自囚在柴頭溪靠海的洲濱，縱酒
拒絕再次看望故國的方向

您親手把殿門推開，說
　我的王，剪一束青絲供奉在牌位前
　我們再起吧！如果不斷裂先人香火
　台灣的山會在雲的淨土，重生
　我的王，我們可以再起！
之後，鄭經還是只活在鬆弛的夜歡
等待老化，像是花朵枯萎，失水
一切竭力都被奸人所妒，辭了兵權
您也被迫離去，下野
隱在赤山與龍湖的水湄之間，憂鬱
在台灣二十年的熱血，冷去
已無春風自故鄉綠了過來

三百年後，無風
有人在柳營果毅後修了墳
在塚前，親手栽下兩株羅漢松

祭拜者說就讓南方的松，一樣說書吧
衣缽曾經熱過，那是天地會的仰望
之後，您的名字和傳說
偶而出現在課本或是舊書架上
與許多偉人聖哲，蒙著塵埃
我固執地在遺落的牆角，點亮一盞燈
希望將您的一切記住
讓奔雲的風再起

又四十年，無雲
羅漢松蒼鬱如雪風的黑比丘，深邃
也似長年悟道的老僧，只有唄音
瘦長的劍葉，每個星夜都有羅漢托缽歸來
一腔男聲，有古韻和慈悲
袈裟不即，剃度不離，一些光澤仍有記憶
街頭有稱永華路，巷裡有座永華宮

洪門曾經來此祭香，墳前與廟口
但還沒去當年夜裡天地會開香堂的草地
秋末，我獨自到英雄塚，都三百四十年了
沒有山門卻有桂花香迎客
我讀著碑文，將指紋印在風中
先走過您的故居，再去當年下野的湖
最後，在此山坳的肩膀
愛靜的您，一起張望羅漢松
綠水與青山，我也將鞋聲留在這裡

坐過整個早上，等雲

花開花謝時間遞移，日子把陳永華的墓塚遺忘了，
正如我們忘掉他的往事。

【詩後】

站如羅漢長嘯中

羅漢松，雖然稱之「松」，並非我們以為的北國針葉松樹，也不是松下問童子畫作裡虬勁挺斜、龍鍾傲岸的水墨松。他屬羅漢松科常綠喬木，老樹的形態神韻顯得質樸雄渾，倒像是少林寺方丈後方，豎立威然，垂目不語的戒律院武僧。「羅漢松」的名稱，是因為其果實狀似一個紅潤肥圓的「大光頭」，還連著一個肥胖而柔和的軀幹，成熟時呈紫紅色，就像羅漢身上披著豔麗袈裟的公仔，這個袈裟就是支撐其「大光頭」的「果托」，果實（種子）的肉質部分，這個果托可食用，口味甜糯清純。

台南許多地方都植有老羅漢松。最早於一八六八年，同治七年，從華南引進台灣，比沈葆楨來台灣更早幾年，到了日治時期又從琉球陸續引進。目前仍有一株光緒老樹是台灣之最，隱栽在長榮女中校園，位於「原長老教新樓女學校本館」後方，樹況不錯，樹幹挺拔，葉茂蔥綠。目前婉拒市政府將其列為珍貴老樹，校方聲明自行照顧。另外一提，長榮女中本館左側靠牆處

新種一排羅漢松，每株樹前都一座紀念牌，是歷任校長的簡介，一棵樹一位校長，念情，也思源，樹苗還是選栽台灣特有種「蘭嶼羅漢松」，真有心。

羅漢松也是著名風水樹，「厝前種羅漢，沒賺也不會窮」，這也是得名「金錢松」的理由，或是美名「富貴樹」的祈望，象徵長壽、財富、吉祥。在台南女中門口大埔街對面，是「台南商業會」建築，植有一株逾百年羅漢松，高大聳直，鎮館守財，即是這般心思。在此補述「台南商業會」的歷史：台灣光復後，一九四六年三月，商業會正式成立，奉令接管原「台南州商工經濟會」一切產業。而日本的「台南州商工經濟會」資產，又是更早五十年前，一八九五年，台灣割讓給日本，日本人「順水推舟」接收「三郊」所「贈與」產業。五十年前，五十年後，一報還一報風水輪流轉。這個台南兩百三十年的超級資深商業組織「三郊」，在門前種羅漢松，頗有古風，也蘊藏財意。

還有台南知名古剎法華寺，也有三株百年老羅漢松，位於寺左五層寶塔的周遭，蔥鬱蒼勁，枝葉茂盛，高聳臨風，長形條葉飄蕩翻搖，甚為壯觀，四季常青。法華寺，在三百三十年前是李茂春的茅舍，陳永華稱此好友廬屋為「夢蝶園」，也是陳永華常常造訪之地。李茂春卒，此地陶瓦改建並更名准提庵，後來再改稱「法華寺」。寺內有聚賢堂一隅，門聯書有「出入有僧皆佛印」、「往來無客不東坡」，這是我喜歡的古聯，雅氣十足。木橋一座，加上舊廟紅瓦、老羅漢松蒼鬱，雅韻悠遠。

然而，陳永華墳前的羅漢松雖未百年，但有文學的力量，歷史的重量。這位被歷史尊稱「明鄭諸葛」的陳永華，成了金庸筆下天地會總舵主，武功了得的英雄，現在人不見得清楚明末清初的歷史舊事，但在書頁之中依然可以感受他的英姿勃勃，迷人又令人景仰的風采。

陳永華同安人，字復甫。他比鄭成功年紀小了十歲，長了鄭經八歲。當陳永華五歲時，生命與鄭成功有了交集：崇禎十一年，一六三八年，十五歲的鄭成功考中秀才。當年科舉制度下，每逢各級科考，傳統習慣是考中者都會拜在主考官的門下，自稱學生。鄭成功考上秀才那次的主考老師是陳鼎，他就是陳永華的父親，當年陳永華才五歲。鄭陳二家日後交好。

陳永華十五歲時，父親為鄭成功管轄的同安縣教育局長兼孔廟校長，城破，陳鼎自縊在明倫堂。年輕的陳永華隻身前去廈門投靠鄭成功，之後兩人接力寫下三十多年抗清的偉大故事，那是一道明末最好看的彩虹。從金門、廈門到鹿耳門，一直到鄭經西征兵敗回到台灣，陳永華辭謝兵權後，退隱山野，他最後的預言「鄭氏之祚不永矣！」不久鬱結而終。這個訊息，傳至福建，清翰林學士李光地具疏入賀：「台灣未可卒圖者，實永華經營有方，今天心厭亂，使之殞命，從此亡可立待。」康熙大樂，台灣究竟少了這堵陳永華大牆，他要派出施琅進攻澎湖了。

台灣呢？台南民眾家家縞素哀泣，在門口設香案輓悼祭拜陳永華，雖然鄭經尊諡陳永華「文正」，崇高他的貢獻，但悲劇已成。鄭經不久也死，馮錫範和鄭克塽以「監國不是鄭經血脈的原因，所以人心不服」誣語，暗殺了大哥鄭克壓，他的新婚妻就是陳永華的女兒，雖然有孕在身，堅決絕食殉夫。百姓哀痛不已，編唱「文正公兮文正女」之歌褒崇感念。

明鄭亡國了，台灣的歷史也翻去一頁。同治年間，因牡丹社事件來台灣的欽差大人沈葆禎，嘆曰：「夫死婦亦死，君亡明亦亡。」說的就是這一段痛心的歷史往事。當年沈葆楨的兩片木刻，目前依然掛在延平郡王祠後殿的監國祠，字跡溫潤，木色黝黑，更顯傷感。

花開花謝時間遞移，日子把陳永華的墓塚遺忘了，正如我們忘掉他的往事。

教師節早上，我沒有參加孔廟秋祭，獨自前往柳營，尋找陳永華墓地，拜訪那位在三百五十年前，創建台南孔廟的陳永華。一炷心香，樹間風輕撫古碑，我來，是來傾聽曾經夢見的古老年代傳說。然後，再趕赴孔廟，下午我有一場廟口說書，在明倫堂前的幾株老樹下。

麵包樹

清領時期，府城有兩處台灣最重要又最華麗的廟宇：其一水仙宮，這是民間鳩資所創建的藝術大廟，座東朝西，庇護海上往來兩岸的船隻；其二萬壽宮，這是清廷官方所建，主要是存放聖旨的殿廟，由乾隆時期知府蔣元樞設計興建的，廟宇則是座北朝南，外牆豎著一方下馬碑。可惜，水仙宮主要建築毀於太平洋戰爭，而萬壽宮則是日治時期因為政治理由被拆毀，改建為台南地方法院院長宿舍，也建著高高的圍牆。

好消息，宿舍外的庭園有一株台灣最古老的麵包樹，麵包樹不是台灣原生種，是乾隆時期由東部的阿美族，乘小木船由南太平洋引進，先在台灣東部種植，逐漸推展到台灣各地。麵包樹是南太平洋玻里尼西亞人的主食，他們在航海冒險時，也會攜帶此樹的根插，以便在其他海島種植，進而殖民。阿美族人也很喜歡麵包樹，他們稱他的果實為「巴基魯」，果實澱粉含量非常豐富，烹煮後味道與麵包相似，所以得名。

台灣知府蔣元樞接受了阿美族人麵包樹苗的貢贈，他將此樹栽種於萬壽宮的後院角落，也就是今天院長宿舍的西側，斯人已遠，萬壽宮也不見其蹤，老樹依舊蒼勁蔥翠，長成台灣最高大的麵包樹。

【我的詩】

知府大人的樹

知府大人親手栽下
寬闊的暖綠便開始隨著城市的春夏呼吸
南太平洋家鄉的閒適，延伸在台南天空裡

乾隆四十年，跨越黛瓦粉牆故鄉
四月經過泉州的莿桐樹下，攜著
北管與南音，唸唱鑼鼓齊奏
到了海峽的這一端升堂，也來一齣
以官話唱說的台南牌子

他很忙，找來惠安石雕師傅
也兜了一群晉江老木匠漂洋來台
他把柴頭溪北岸的窯場添了些煤火
福州的杉木在安平港外卸下

修建了孔廟府學，添了大氣的泮宮石坊
改建了祀典武廟，多了觀音殿的香火和菩薩
整建了大天后宮，漂亮的拜殿有許多飛檐
重建了城隍廟，肅穆的威靈公成了府署鄰居
新建了風神廟，官廳裡許多大官小吏彼此敬茶
擴建了開元寺，那是佛祖的小西天

忙完七寺八廟的輝煌
他要恭修萬壽宮了
校士院舊址有座小殿
那是奉置聖旨地方，挽袖
敲鑼，高呼肅靜
打鼓，許多民眾在門口設香案
他立著下馬碑，也立著皇威
小殿一陣忙碌塵埃，之後
四個角樓建成金碧畫梁
重簷大殿有正龍眈眈的陛階
座北朝南的政治方向有皇上的叮嚀
小紫禁城的想像，成了大清輝煌
知府大人把格局都刻痕在大大的城牆上

西側後院有株麵包樹苗
那是阿美族人的祝福

知府大人親手栽下
寬闊的暖綠便開始隨著城市的春夏呼吸
南太平洋家鄉的閒適，延伸在台南天空裡
三年後，知府大人走了
任務結束，遺留兩只四腳鼎
遠去的過橋鞋聲
舊城紅牆上的六方建設圖碑
從此倚著虔敬和傳說

牆邊的麵包樹有了兩種相思
那是清朝的兩則舊事
甲午後，日本人拆了萬壽宮，他們說
這裡，以後聖旨不會再來
老樹依然，石雕四散，柱礎成列在草間
老樹的相思又多了一種不捨
五十個寒暑過後，日本人也走了

留下大正黑瓦與昭和石燈
和無數的寒冷寥寂星夜

兩百四十年，清明午後我來了
來訪視高牆內的老樹
初見面，膜拜如朝聖的信徒
他龍鍾粗幹的殿堂已醮起歲月
把我擁抱在懷裡
輕輕地搖，所有的記憶紛紛墜下
在風中，知府大人的往事也是
我卻把一份期待繫在路過的雲

【詩後】

吉祥年代

我想，他遺留的故園建築一定透露些秘密，或是他來不及說的。我試著傾聽風聲裡的嘆息。

三年前冬天，與剛從建築系畢業不久的兒子，到蘇州，一次父子之旅，這是一趟中國傳統建築之旅，也是我的文學江南行腳。年輕時，讀過甚多桃紅柳綠，櫓楫欸乃的詩篇，總也想親聽吳儂軟語，見識吳女壓酒。當然，澄陽湖的大閘蟹與蘇州的松鼠鱖魚也是旅行的理由。

透過蘇州崑曲學院校長介紹，我們住進了前有綠川的四合院飯店，粉牆黛瓦。行李尚未放下，父子兩人的相機便躍然不停了。簡單瀏覽飯店環境，暖帽圍巾背包，迫不及待沿著綠川往貝聿銘所建的蘇州博物館前去，寒風逼人，細雨紛飛，我們全然不畏。一路水鄉風光，高高低低的白牆黑瓦，精緻的建築細節，與城市的宜人格局，心曠神怡。路途一碗熱蘭州牛肉麵，嚐鮮，也是驅寒，著白色清真廚服的年輕師傅，雙手使力拉著細麵，看著專注的身影，感動，像觀光客一樣我們拍了不少特寫鏡頭。

其實，這次父子兩人的建築之旅，主題並非蘇州博物館、拙政園，也非寒山寺和虎丘，而是蘇州文廟和常熟的燕園。蘇州文廟是北宋范仲淹所創建，也是年輕蔣元樞的就讀學校，更是當年他任職台灣知府時，為了讓台南孔廟的祭孔釋典更加充實完備，有所傳承，引進祭典禮儀的源頭。台南孔廟三百五十年前即已開始祭孔，木鐸啟禮，鐘鼓齊鳴；到了兩百五十年前，乾隆四十一年起，所恪遵的春祭秋祭典章，則是蔣元樞根據蘇州文廟所依循與確定的，而蘇州文廟這些講究，就是北宋范仲淹當年創建時所制定的「俎豆之事」。

我們前往，是懷古，也是向范仲淹致敬；是考古，也是向蔣元樞致謝。

沿著紅牆，蘇州文廟遊客不多，我們從大成門入內，有偌大庭園，櫺星門牌坊分出前後，後院即是寬廣內庭，左右有許多百年銀杏老樹，最老的已有八百多歲，鍾龍蒼勁聳立，老幹虬然崢嶸。往前，拾階上了丹墀，甚是疏朗的露台，瞻仰立面高聳巨碩的廡殿重檐大成殿建築。入內前，我凜然躬身，深深禮敬，再跨越門檻。啊！心中輕呼：「這就是范仲淹的文廟！」張望著屋頂的巨木構架。先天下之憂而憂的范文正公，我肅然輕移腳步。在壁垣上的文獻尋找歷史的蹤跡，我也在巍峨的舊建築中傾聽已經靜默的金聲玉振。兒子理解我怦然的沉醉，他手持相機自己尋找拍攝角度，不與我交談，讓我獨走，等待我激動思緒的沉澱。

曾經，這裡有過范仲淹所制定的禮讚六佾舞，也演奏過昭平之章，迎神。秋分，天色未開

之際，大成門的鼗鼓也曾擊著一百零八響。春分，燭光搖曳中太牢祭牲也輝映著莊嚴。而今，鐘聲鼓聲都停歇了，蘇州文廟遊客寥然。在此，我慶幸，那個年代知府大人在台南所響起宮廷雅樂的中和韶樂古音，之後，台南代代傳承，孔廟的釋典年年肅然虔敬，所有的儀式從擊鼓開始，在望燎中結束，再開始，再結束……。

我們離開蘇州文廟，轉往常熟。

常熟的燕園，是蔣元樞的故宅。我們去燕園就是去訪尋他的生命線索，了解那是什麼樣的靈魂？有著如此動人的能量，我想，他遺留的故園建築一定透露些祕密，或是他來不及說的。我試著傾聽風聲裡的嘆息。

蔣元樞於乾隆四十三年，夏天，任期滿了，三年兩個月後，他在自己創建的風神廟前，接官亭的碼頭，告別了台南，結束他忙碌又緊湊的台南城市都更行動，搭乘著單帆板船往安平前去，揮手，站滿運河兩岸的居民，延綿到安平，大家呼喊著他的名字。在安平港，他登上大船揚帆，前往下一個城市。

在往福州的海峽航程，他遇到了颱風，九死一生的旅程，蔣元樞對生命有了新的領悟。他辭官，決意回到故鄉常熟，他與叔叔並鄰而居，前後三年，創建了「燕園」園林，形容自己就是「歸巢的燕子」。然而不到一年光陰，蔣元樞病逝，享年四十四歲。

一樣是粉牆黛瓦，一樣是樓閣曲廊，我沉浸在美麗而曲折的園林建築群：五芝堂、賞詩閣、三嬋娟室、過雲橋、綠轉廊……我注意到了在燕園明堂左側，有一座「夢青蓮花庵」建築，這是當年蔣元樞虔敬奉祀觀音菩薩的唸經處。我恍然理解，這位知府大人當年為何在修建台南的祀典武廟、大天后宮與開基天后宮三座重要廟寺，他都留下了所敬奉大士的慈悲神像，給台南市民，閉目、傾聽、微語三尊觀音撒著青蓮之花。終於懂了，那是台南曾經有的吉祥年代。

然而，台南歷史卻煙雲緲緲地記憶這位知府大人。

偶爾在台南老廟尋得蔣元樞的贈匾，或在石坊上識得蔣元樞的字跡，總讓人多了「人去茶涼」的傷感。然而藏身在台南地方法院院長宿舍，庭院深深的老麵包樹，短時間內仍不會對外開放。市民繼續等著，將來大門開啟，老樹就會熱絡迎客，而蔣元樞的心情與足跡，也將在煙雲散去之後，我們可以重新在此樹下認識這位清代的美學大師。

樹蘭

延平郡王祠後院靠牆處，中軸線上有一株百年老樹蘭，談不上高大，卻是常綠灌木難得尺寸。我年輕以來，好讀《易經》，也喜建築，因此略通風水穴位。當年，珍貴老樹保護委員會在此現場會議中，大家嘖嘖稱奇竟有如此珍貴老樹隱晦於牆角，全數樂得通過將其列在保護名單上。我卻隱約明白，此樹被栽於此重要穴位必有不凡的意思，翻遍史料加上推估臆測，終於明白這是沈葆楨創建延平郡王祠之際，私下手栽。

為何是樹蘭？因為，當年鄭成功立足台灣時，除了心懸抗清復明，也篳路藍縷開發這蠻貊之島。三十八歲的他是三軍統領，堅毅奮發，但是私底下一樣有凡人脆弱孤獨時刻，於是鄭成功從廈門引進了四種故鄉香花到了台灣，當是新鄉與故土的連繫。含笑、夜合花、玉蘭花和樹蘭，就是他所心繫的君子之香。

古人有以香花、香木惕勵自己忠貞不懈，堅忍不拔。這件事，同樣是福建人沈葆楨懂得，他在建了廟後，手植一株樹蘭新苗，不明顯的牆邊，隱隱遺世獨立，特地贈與清幽蘭香給鄭成功，當是芬芳在人間的暗喻吧！也是英雄之間的隱語。

【我的詩】

樹蘭，樹上有蘭？

真好，這般英雄相惜的暗喻
一位是明末的孤臣，一位是力抗外侮的清臣
福建之子，都沸騰著海洋的血液
他們藉著幽幽的，不顯的蘭香
述說一道鞭痕的自尊

在歷史水槳中，我曾凝視道光帝幽藍的詔書
他說，在武昌的林則徐，你赴京一趟吧！
天光未亮，君臣二人在隱去新月和晨風的地方

他在殿後種了梅，原是鄭成功墳前的遺憾
又在龕席中軸線的末端，隱植一株樹蘭
不顯眼，無聲，腳印也無痕

道光說怎麼辦？罌粟是詭紫的瓶子
把朕的江山都收了去
大清都成了日蝕的魘夢
我無法計算出將要到來的月蝕
會是如何窒息？

林則徐頂戴花翎，手握朝珠
穿上仙鶴一品文官補服到了廣州
一把虎門火燒掉了毒鴉片，那是不朽者的氣魄

燒出大不列顛戰火，不懼
彈劍人舞著歌，飄飄儒衫，冷眼望去珠江外海
劍鋒寒光向敵而去，那是第一次戰役
道光卻在火藥與鐵船的撞擊音色中懦弱
戰火裡的老皇帝是淋濕的處女座
無情地把林則徐扔擲到伊犁
用《南京條約》向敵人曲膝
也罷，英雄悲涼西行，謫落的靈魂
贏得了人民信任，提燈相迎
民族的脊梁從此寫在史冊扉頁

沈葆楨接了棒，踏在歷史的石板路上
勻稱的腳步聲，如落雷
他是林則徐的外甥，也是女婿
小沈葆楨十一歲在大舅書房，一大一小對談洋務
起了念頭，在藏書的角隅，有個決定

爾後秋色一湖，將映著白雲一片
他將十歲的三女許配給眼前的旭日
鴉片戰火剛歇，林則徐發配新疆前夕
二十一歲的沈葆禎與表妹成婚了，也肩上了社稷
銅鼎的圖騰，殿前的石獅之間
有朝陽昇出

道光的進士，咸豐的巡撫
同治六年任了船務總理大臣，在馬尾造艦
十二年，妻逝，輓悼月冷夢悲，他說
妳為名臣女，為名臣妻
妳以中秋生，以中秋逝
十三年，五月，牡丹社事件日軍登陸屏東
欽差大人率領艦隊，站在浪頭
向東，到安平吧！
二百一十三年前，鄭成功也是這般涉渡

當時迎擊的是荷蘭人，現在入侵的是日本人
建了億載金城，炮台面海
也築了恆春城抗拒倭軍，南門叫做明都門
敏感的城門名稱，他真敢

他又在開山路蓋了延平郡王祠
拖著長辮子，豎起明末招討大將軍的神位
說是奉旨，大門還是多了七排五路門釘
祠廟向著東方，藍縷的世界
舟楫停泊在一列鯨行的七個沙洲
那是漢人王朝的壓卷處
他在殿後種了梅，原是鄭成功墳前的遺憾
又在龕席中軸線的末端，隱植一株樹蘭
不顯眼，無聲，腳印也無痕
這苗有當年孤臣最後的故鄉花香
輕輕地，喚醒了昔日珍藏的蘭味記憶
那是英雄之間相贈的酒觴
和一記鐘聲

我在樹下聞到了英雄蘭，和嘆息

【詩後】

君子有清香

事件究竟是落幕了，而沈葆楨卻在台灣留下了精采的文化資產，……一百四十年了，老樹年年飄香，清雅隱隱，故事不朽。

年輕時讀歷史，從道光之後大清帝國夕陽餘暉，國事沉淪，到槍炮轟鳴下的尊嚴，總是複雜慨謂。但是，歷史也每每顯示當世道混亂之際，就是英雄輩出之時。道光時期以降，有林則徐、姚瑩、曾國藩、左宗棠、沈葆楨等等。其中，我對林則徐、沈葆楨兩人有深刻認識，感佩有加。所以，當探得樹蘭老樹為沈葆楨親手栽種之際，是有些「偷偷狂喜」的情緒，直覺得真好！真好！見樹如見人。

詩裡有寫到沈葆楨與表妹結婚一事，雖有些「硬塞入詩」的感覺，但是自己實在喜歡這段「愛情八卦」，兼深感其鶼鰈之情，所以舉重若輕地交待了幾行，希望讀詩的人可以同感我對他們的敬意。

話說教書家庭的林則徐。十二歲時，被甄試入選為福州孔廟的佾生，這是「童生」的榮譽身分。不久，在一個場合，曾經任職河南永城知縣的福建進士鄭大模，觀察到林則徐文思敏捷，認為此子必成大器。果然，林則徐十四歲時考上秀才，鄭大模便將十歲愛女鄭淑卿許配給他，一位進士門第的千金與家境寒苦的林家小秀才定親，轟動了福州城。嘉慶九年，一八〇四年，二十歲的林則徐參加鄉試，中舉人。就在放榜的那一天，他同時迎娶鄭淑卿入門，雙喜臨門。

古人真是早婚，他們父母的理由都是「這樣可以省掉年輕人不少擇偶求愛的時間、精力和情緒紛擾」。蘇東坡十八歲結婚，他娶了十五歲的王弗。第二年，十六歲的蘇轍與十四歲的新娘拜堂。都是同一個理由，有趣吧。所以，當林則徐在書房與十一歲小沈葆楨對談國家大事時，讚歎青出於藍之際，便把三女林普晴許配給他，似乎也不會太奇怪。然而這些人的夫妻生活大多能同甘共苦，榮辱與共，其中原因是否能讓一些婚姻專家理一理，告訴我們答案。

一八四一年，當林則徐在廣州銷煙後遭到革職，香港和虎門先後失守，國家有難而他又使不上力之際，四月八日是妻子的生日，於是寫下生日詩句，其中「蓮子房深空見薏，桃花浪急易飄萍」，寓意愛國救民的苦心不能見到實效，自己命運也如浮萍飄忽不定。次年八月，林則徐被謫往新疆，在長安告別妻兒家人，賦有二詩，經典「苟利國家生死以，豈因禍福避趨之」是其一，另外有「戲與山妻談故事，試吟斷送老頭皮」。這裡「斷送老頭皮」有很棒的典故，容我掉一下書袋。

宋真宗聽聞隱者楊朴擅長吟詩，便召他談談，問道你來之前有人「作詩送卿」？楊朴回說妻子有一詩「更休落魄耽杯酒，且莫猖狂愛詠詩。今日捉將官裡去，這會斷送老頭皮。」宋真宗大笑，就讓楊朴回去了。蘇東坡因烏臺詩案被彈劾，入獄前，妻與子送出門都垂淚哭別，蘇東坡說了：「子獨不能如楊處士妻作一首詩送我乎？」妻子被逗笑了，蘇東坡昂然出門。這也是林則徐的態度，泰山崩於前，依然冷靜面對。林則徐六十三歲，妻子病逝，撰聯相挽：

同甘苦四十四年，何期萬里偕來，不待歸耕先撒手；
共生成三男三女，偏值諸兒在遠，單看弱息倍傷神。

焦點回到沈葆楨。話說同治五年，一八六六年，左宗棠在福州設立馬尾造船廠，還在籌建階段，他被調任陝甘。左宗棠是林則徐的頭號粉絲，對林則徐早早選為女婿的沈葆楨也是欣賞有加，所以籌建馬尾造船廠的續任者，左宗棠希望沈葆楨能接棒，沈葆楨當時母喪丁憂，正在福州老家守孝，左宗棠前去遊說，沈葆楨拒絕，三顧茅廬依然無果，最後透過皇上下旨「不准固辭」，沈葆楨於次年被任為船政總理大臣。在辦船政局的製造現代船艦以裝備福建水師的同時，他體認到了人才的重要，開辦了求是堂藝局（船政學堂），招募青年學生學習近代科學、造船和艦船知識，招聘外籍技術人員、招考水手……沈葆楨這段時期在歷史上影響深遠，我們留給歷史學家爬梳。就在台灣牡丹社事件的前一年，五十三歲的林普晴於中秋夜在福州官巷家中去世了，沈葆楨哀傷不捨撰寫輓聯：

為名臣女，為名臣妻，江右佐元戎，錦傘夫人分偉績；
以中秋生，以中秋逝，天邊圓皓魄，雲裳仙子證前身。

同治十三年，三千六百名日本浪人大兵在屏東半島登陸，那段歷史是虎視眈眈的日本直撲台灣的野心，細節留給歷史老師說明。我倒高興沈葆楨來了，率領他一手創建的鋼鐵艦隊首航，而且橫渡台灣海峽，抵達安平，沈葆楨再遣艦隊巡弋屏東外海，示威，恫嚇日本人不要造次。事件究竟是落幕了，而沈葆楨卻在台灣留下了精采的文化資產，也留下了一株暗藏忠貞不移的樹蘭，一百四十年了，老樹年年飄香，清雅隱隱，故事不朽。

【輯三】

終老與生死——
老樹的生命啟示

南洋樱

幾年前，我忝任台南市珍貴老樹保護委員會，成員中對植物專業知識最貧瘠的那一位，是我，但是對那些老樹身世最好奇的，也是我。最早最早我能叫得樹名的不到十個，根本就是「樹盲」，但是以「老樹也是老市民，他們也有故事」的角度，我開始興致盎然地學習，同時我有很棒的社大老師指導，漸漸地有了些長進。一次，委員會在延平郡王祠庭園走動中開會，其中，評估紅牆旁七株高聳的南洋櫻。會議結果，這七株老樹列為保護等級，所以一些措施展開：樹下的土壤翻鬆養護，豎柵圈圍，禁止立人，定期建康檢查。有效，他們長得更健康了，枝葉蒼鬱。

日治時期，日本人太愛鄭成功了，他們把延平郡王祠改為「開山神社」，庭園增植了許多新引進的樹種，南洋櫻即是在那個時空下，從熱帶美洲再到南洋，又被引進南台灣。他是蝶形花科，非吉野櫻的薔薇科。會被雀屏中選，是因為在日本，三月本當落櫻如雪，但是多陽光的南台灣不易馴植北國櫻花，所以，「意思到了就好」的熱帶南洋櫻，被引進台灣，栽植於此，三月時節，一樣落花如櫻，也可堪慰日本人的鄉愁。時間久遠，落櫻不是我們的鄉愁，但這些老樹，卻成了歷史的一部分。

烏山頭水庫堤外的二十一株老南洋櫻，便是八田與一的鄉愁。

【我的詩】

二十一株老南洋櫻

那一年……昭和五年
堤外的春天，開始怒放陌生的粉紫
織錦的花，是依約而來的鄉愁
偶過的東南風便是遙遠追懷的儀式
於是，落英如輕雨
滴落在葛青的衣裳上
旅人盤坐樹下，等待花雨散盡
那是不尋常的花，不是櫻

那朵扶桑曾經縱身躍下
成了一道美麗的丹紅拋物線
滿樹的粉紫紛然跌落如蝶

卻有落櫻的魂夢，牽縈在南國裡
二十一株熱帶的樹木，從爪哇來
八田與一在九十年前，栽下
也栽下一道朗然的心情在
綠與水之間

水庫的土壩剛剛建好，白茅開始漫長
當時，技師為了年輕的鄉人與春風
他們鋪上素布，樹下有酒香

幻想肩上的熱帶花瓣是武士的名字
花祭在堤岸的這一邊
一些些青春的興奮與記憶
落英，修補了已經褪色
雪國家鄉的春天風景

一九四五年，戰後，眾人走了
看花的人不在，蜻蜓仍在雨後出現
喝酒的人不在，薰然的酒歌化成千風
種樹的人不在，南洋櫻還是高高舉起浮雲
心愛的人不在，四季一樣輪替著心情

沿路的樹，三月的粉紫大日子
起風的時刻眾花騷動
樹梢搖曳，八田技師的期待
成了藍天輕扯的裙角

在夏天，則是遊行的隊伍
綠蔭成廊，那是
溫暖南風避暑的角落
也是好動陽光的一場戀愛

到了秋月，葡萄成熟
雲在堤岸上變化
像是宮崎駿的天空
一種爽朗又帶著希望的顏色

列樹看起來好冷，無雪
有霧，等待寂寞
誰在多愁地撫撥著
一排如豎琴林立的弦

今年三月，我在樹下
拔開紅酒瓶塞子
等待春天的雲飄過
和一位穿著和服的女子
那朵扶桑曾經縱身躍下
成了一道美麗的丹紅拋物線
滿樹的粉紫紛然跌落如蝶
我沉默，凝立成第二十二株的南洋櫻

【詩後】

櫻雨紛紛戀戀情

由於對先生的思念，也不願因日本戰敗而遣還故鄉，隔天，九月一日，她留下遺書：「愛慕夫君，我願追隨去。」

關於日本人在台灣的歷史，早年受制於「台灣被殖民五十年」悲情與被掠奪的角色，加上我的外公李象因為也是抗日分子，他在二〇年代被日本政府囚禁在台灣某個不知名的監獄中，為了理念與執著，他付出八年多的青春歲月。在我成長的過程中，一些歷史傷痕，家族的沉默，我了然於胸。

隨著年紀增長，漸漸明白，有陰暗是因為有光亮在另一端，有明亮之處其背後必有陰影角落，看待事情也調整到不絕對也不斷然，會用更多角度審視「歷史」。對於日治時期「殖民」五十年的政治問題，也多了理解和諒解；對於一些日本人在台灣的故事，有了更寬廣的態度。「尊敬」八田與一，是知道了他建設烏山頭水庫的故事；「喜歡」八田與一，則是他妻子殉情的悲傷。我想說說殉情的櫻花戀，讓人心痛不捨，但又欽佩不已的美麗愛情故事：一九二

○年烏山頭水庫興建在即，三十五歲的八田與一跟妻子外代樹說：「烏山頭是一個天空很藍……空氣很好的地方，當工程開始，人潮聚集，就會成為一個熱鬧的小鎮，我們一定不會感到孤單。」二十一歲年輕的妻子笑著對自己的母親說：「只要住下來，就會是一個好地方，我想……在那裡，我會過得非常幸福。」她相信先生。

一直到完工的這十年間，八田一家都在烏山頭度過，夫妻共育有八名子女，其中四女一男即在此地出生，一家子有著充滿美好回憶的十年時光。

烏山頭水庫與嘉南大圳完成了，八田與一四十六歲，外代樹三十二歲。因為八田與一調職台北，他們一家離開了烏山頭的黑瓦宿舍。喜歡頂著中分髮型的八田，回任總督府技師，也兼任土木課水利股股長，他的新任務是著手全島土地改良計畫，提升土地的生產效率。

當年嘉南大圳完成後，大家感念他的貢獻，成立「八田之友會」。並在，徵得八田的同意，遵照八田的意願，請日本雕塑家都賀田勇馬製作了一個身著工作服、穿工作靴、席地於堤堰上沉思模樣的銅質塑像。一九三一年七月八日以無臺座方式建立在烏山頭水庫大壩旁。

一九三九年，八田升任為總督府「敕任官技師」，這是台灣最高職位的專業技師。這段台北近十年生涯，八田一家又多了二女一男成員，共六女二男。

一九四一年，年底，日本偷襲珍珠港，太平洋戰爭爆發。台灣局勢丕變，日本「南進」腳步加緊了。一九四二年四月，日本進占菲律賓，日本陸軍省聘八田為「南方開發派遣要員」，那一年，八田與一五十七歲，他奉命前往菲律賓進行棉作灌溉設施調查，先到日本廣島報到，搭乘「大洋丸」出發，他寫給外代樹的信：「我會在五月五日搭上開往馬尼拉的船，到馬尼拉需要八天，途中可能會停靠基隆或是高雄，靠港的時間，說不定還可以見上一面！」收到信件的妻子，喜出望外地算著日子，準備相會。

大洋丸離開廣島港，三天後船隻被埋伏的美軍潛水艇以魚雷擊沉。等著與八田先生見面的外代樹，不知大洋丸艦上人員已經全部罹難。六月十日，八田與一的遺體，隨著洋流北漂到日本山口縣荻市，因為衣服上有書寫姓名標籤，被辨識出來，也在當地火化了。十天後，骨灰運回台灣。七月，分別在台北東本院寺分院、總督府、烏山頭八田銅像前，舉行了家祭、府祭和入土葬禮。

八田與一去世後，妻子外代樹仍居住在台北。太平洋戰爭接近末期，日軍逐漸喪失優勢，兒子與女婿們也紛紛加入軍隊，連就讀中學校的次子也投入軍旅，美軍開始空襲台北。外代樹和女兒們被疏散到烏山頭避難，回到她新婚後生活十年的地方，黑瓦宿舍依然，庭院裡的幾株

樹木已經可以環抱了，這些樹都是當年八田與一出差東南亞時，自己引進手栽的樹木，這裡充滿了回憶，卻也是觸景傷情之地。

一九四五年八月十五日，日本戰敗無條件投降。八月三十一日，外代樹的兒子八田泰雄，這位被徵調從軍的次子，也平安回到了烏山頭，家人團聚。由於對先生的思念，也不願因日本戰敗而遣還故鄉，隔天，九月一日，她留下遺書：「愛慕夫君，我願追隨去。」

那是颱風天的清晨，她換上當年花嫁時的紅和服，白短襪，著木屐。到了烏山頭水庫出水口，她縱身，一躍而下。她的殉情如櫻花飄落，一部分骨灰合葬在八田墓園，一部分被兒女攜回故鄉。一九四六年十二月十五日，水利會在原來是八田與一銅像的後端，用花崗石做成日本式的墓碑紀念這對夫妻。

話說八田與一的銅像，一九四一年太平洋戰爭，日本戰事吃緊，急需銅鐵金屬等物資，鄉民唯恐銅像被徵收熔解，以供應戰事軍需，偷偷移走塑像，藏於番子田（今台南隆田）車站倉庫。戰後，倉庫職員人發現，再由水利會的人偷偷運回烏山頭。但是，時代政治氛圍之下，擔心當時國民政府會要求熔毀，便將銅像藏置於八田故居陽台。經過數十年，政經情勢較為緩和，水利會於一九八一年在烏山頭水庫八田塚前，新設了臺座置放此銅像。坐姿的銅像在樹下，八田遠眺水庫。

二〇〇九年，八田與一的故居群，被指定為歷史建築。二〇一一年，故居前路段命名為「八田路」（英譯：Hatta Rd.），五月九日（八田與一忌日）故居修繕工程結束，正式揭牌，活動中贈送八田與一昔日在台灣的戶籍資料給其後代。所有的故事，在六十多年後，做了「歷史的致謝句點」。

在烏山頭八田夫妻墳前不遠，這一路二十一株老南洋櫻，每年仍然用三月櫻記錄這一段愛情故事。能寫下此詩，是我的榮幸，也是我向八田夫妻致上遙遠的敬意。下次，我去烏山頭水庫會帶著一束鮮花。

孔榕

一九二二年，從日本鹿兒島移植到台南孔廟。
一九二三年，裕仁皇太子沒有進行覆土儀式。
二〇〇八年，發現染得褐根菌。
二〇〇九年，義美文教基金會義舉醫治，搶救無效。
二〇一〇年，民間舉辦老樹集氣祝福活動。
二〇一一年，開始陸續鋸截枯乾樹幹。
二〇一二年，枝幹全部截斷淨除，僅剩主幹。
二〇一三年八月二十日，潭美颱風前夕，台南孔廟前的孔榕終於要移除了，孤伶伶的主幹突兀地杵在廣場，已有兩年了，每次看，每次心痛。雖是不捨，可是不能不搬離，因為染有褐根菌的病殘根將會繼續傳染他株。

早上，大吊車在南門路外，長臂越過「全台首學」大門，把怪手和小吊車吊進園區。計畫是，先支解鋸成小塊小塊再搬離，可是老樹幹已經枯燥許久，木質乾硬，進度延遲。到了下午，剩餘樹幹下半部之際，吊車決定便宜行事，將一大截樹幹強力拉離主幹，施力過猛，竟然將嚴重腐朽的主幹，暴掰為二，一大段轟然倒向孔廟前的泮池，將泮池前的紅磚矮牆與欄杆砸毀了數公尺。嚴重的是，原來鑲嵌在泮池圍牆上「思樂泮水」的康熙古碑，當場被砸裂，分成四大塊與許多碎片。矮牆下的乾隆櫺星門遺跡也遭破壞。

這是「孔廟八二〇慘案」，文史的黑暗日，如果孔榕有靈，這般粗魯地撕扯退場，他要如何含恨？

【我的詩】

孔榕告別式

我還記得
那天是二〇一〇的初夏，五月十六日
枝幹是我的手，乾枯地在風中寂然
綠葉落盡，如同化療後的空虛
千縷長風依然在耳際撫慰，柔柔地
前夜，初夏的熠熠星子都來編織絲綢被子
覆蓋我的寒意，和我的失眠
我的朋友們，謝謝大家

我要致謝這座城市百年的相陪
夕陽西下晚霞如火，時刻已到
準備起飛，我的靈魂在幽聲中舉杯，暢飲

那天午後三點，告別茶會開始了
你們坐定，茶人的初茶也斟滿，微澀
陽光已斜，沙漏將盡
吉他的細弦，琴師側著頭專注撥動
第一聲，如第一聲的落花
輕喃喃地奏著樂章的最後氣息
這是……我的榮耀和禮讚
學童們吹奏陶笛

像是秋空的淨藍遼穹
清揚和無邪，手指在笛孔間起落
這是……我新旅程啟航的鳴響

尪姨的上身擺動，吟唱，閉眼
南方海湄有星座在汲水
手勢高舉而微抖
這是……我的夢土祖靈來接引
說書人低沉地說著我的身世前後
起風了，他的雙眉緊皺
聲音如鐘，一撞一鳴
這是……我一生的故事

從幼株到老成，從新綠到蒼鬱
我出生在北方島嶼
一九二二年，知事大人移居我的青春
在孔廟的紅大門前佇立
守護，這座城市的明清文化
像是錨，標記著史頁的末卷
也像是桿，拉扯著時代的大風
或是桅？莞然於血系的延續之航

我的朋友們，在這美好的告別時刻
你們瞧見漫天盤旋的黑鳥飛翔？
這是天使的舞蹈和儀式，然而此刻
說書人如唸悼文的低語中
我……已逝去
在死亡幽谷中化身一隻紅隼
張大眼睛，默然棲在枝幹
俯身觀看樹下的你們
大家正寫著心思
說書人啊！祈福御守握緊你的體溫

大成坊

我看見你繫在竹竿上的筆跡

我要致謝這座城市百年的相陪
夕陽西下晚霞如火，時刻已到
準備起飛，我的靈魂在幽聲中舉杯，暢飲
千縷長風將鼓起我的新羽翼，為我送行
深夜的星河也將搖曳火炬，為我引路
一路北上
回到鹿兒島，我的夢土故鄉
再見了，說書人
再見了，愛我的城市……台南……

【詩後】

燕去也，紅隼來

故事說完不久，黑羽翼的燕子同時散去無蹤，在老樹高高樹梢上留下一隻鷹，那是一隻停駐不動的紅隼，眾人驚呼。

我有一張孔廟舊照片，一九二四年的作品，是從泮池遠處拍過來的，畫面中間一排乾隆年間建築，紅瓦燕尾從左到右銜接成長屋。大成門前有一株榕樹，圓形的樹冠，獨自佇立，這是「孔榕」年輕時的模樣，大約十九歲，已經有大氣。這株榕是一九二二年，從九州鹿兒島遷移來此，照片中的他，來台已三年，姿態勃勃，蓊蓊鬱鬱。

孔榕的背景是這樣的：種樹的次年……一九二三年，裕仁皇太子即將代表他父親大正天皇巡視台灣（歷史專有名詞稱之「台灣行啟」）。當時的州知事吉岡荒造，積極整頓台南市容，大量種植行道樹是其中項目之一。行道樹，讓台南街道顯得現代感些，成大勝利路的羅望子，延平郡王祠前開山路金龜樹，衛民路近知事官邸的小葉桃花心木等等，都是當年所栽種而今倖存者。另外，他又從故鄉移植二株鹿兒島榕，其一就是成功大學光復校區的美麗大榕樹，其二就是孔廟前的這一株。知事大人等著皇太子蒞臨台南時，讓其覆土進行植樹儀式。

行程結果：成大光復校區前身的日本步兵第二聯隊廣場，植樹的儀式如期舉行，而孔廟中軸線的這株，原因不明，當天並未依計畫進行，皇太子祭孔後即離去。這棵榕樹沒啥事發生，兀自成長。舊照片就是皇太子離台後次年，一九二四年所拍攝。

這株榕樹被栽在大成門中軸線上，風水陰謀論便在一些人的耳語中傳聞著，「大門口種大木」，合成「困」字，這是日本人要困住漢文化的心思，是迷信也好，是巧合也罷，確實台南這座風華近三百年的老城市，就此困頓衰退，從台灣城市排名第一，漸漸退為第五。北台灣的台北已經取代台南，成了台灣政治、文化、經濟中心，南台灣的高雄則快速崛起，工業和航運蒸蒸日上，而台南像個沒落的貴族，僅能白頭宮女話從前，最後，連台中都已超越台南。光復後，台灣有二十年經濟起飛的時代，主要城市大步地改建擴建，高雄變寬了，台中變大了，台北則變高了，台南卻像沒事一樣，「閒適澹泊」成了文人的修飾詞。台南真的被「困」了，原地踏步，城市模樣從百年前大致就是這種尺寸。

然而，約三十年前，「善待古蹟」的觀念開始在台灣萌芽，想要認識本土歷史的觀念，也開始啟蒙；二十年前，重視古蹟和歷史建築，開始散播；十年前，去親炙和碰觸歷史景點的旅

行，開始風行。古蹟！成了每座城市的文化資產。

高雄與台中此時發現自己城市古蹟所剩有限，台北則在日治黑瓦房子中找出故事，把一些名人曾經住過的宿舍成了「名人古蹟」；此外，一些與總督府相關的精緻公共建築成了「日治時期古蹟」主力。台南呢？都在！荷據、明鄭、清領時期的兩百年以上古蹟數量不少，甚至清代街廓巷弄也保留了下來。真不知這株老榕樹是「困局」還是「倖存」？沒有參與經濟起飛，城市都更，台南大小歷史建築反而「僥倖」地留了下了。一個城市如果沒有老房子，就沒有記憶，沒有古蹟，就沒有城市的歷史，台南舊城為台灣保留了這些。

孔廟這株風水樹，成了英雄，這是我的解讀。

我曾忝任台南市珍貴老樹保護委員，擅長說老樹的身世。二〇〇八年，委員會到孔廟前後庭院勘查老樹群狀況，有一委員驚覺這棵老榕得了褐根菌，這是樹木的黑死病，老實說，對植物病理學尚未入門的我，當天是第一次聽到，但我也明白大事不好了。之後，由義美文教基金會捐款延聘樹醫生搶救，費用不貲，但是藥石無效，老榕樹病態日益嚴重，樹葉紛紛掉落，小枝也漸顯乾枯。病情完全不樂觀，二〇一二年，春風已來三個月了，老樹看不到新芽嫩葉，一群文史工作者急了，邀了一大群「老樹關心者」來給老榕「集氣祝福」，希望他有朝能再「元氣滿滿」。午後，奉茶阿泰以茶席方式布置場地，一桌一茶人，茶人如僧，茶水如悟，大家就定位。先是五把吉他開場，有歌聲有祝福，接著是一群小朋友吹著陶笛，清新童真。再下來，有老詩人吟哦俳句，西拉雅族尪姨則是呼喚祖靈。

輪到我了，上場前我先啜潤一口茶，以說書人的方式說著老榕的身世與過往，站在樹前，我虔誠感謝這些年來，老樹啊！你以濃鬱的蔭涼與市民朝夕相處，你以門神之姿捍衛這座舊城的傳統。

就在侃侃而談之際，凋枯的樹幹上空飛來了兩三百隻的燕子，盤旋不去，真是奇觀。故事說完不久，黑羽翼的燕子同時散去無蹤，在老樹高高樹梢上留下一隻鷹，那是一隻停駐不動的紅隼，眾人驚呼。這些前後，都吸引了許多人紛紛拿出相機，拍下了讓人不可思議的場景。紅隼離去之後，主辦者要與會的人們在御守木牌上寫下祝語，並懸掛在環繞老樹的竹架上。我端正地寫下：

前有千萬年，後有千萬年；
中間一百年，謝謝你相陪。

大榕

詩人瘂弦，三年前（二〇一〇）擔任成功大學駐校詩人，在一場演講中他提到六十年前，年輕，入伍，跟隨孫立人將軍移防台灣，轉駐在成大榕園的三棟西式建築裡（現已是國定古蹟）。他說：「民國三十八年，我跟著孫立人部隊在高雄上岸，當時我還是十七歲的娃娃兵，隸屬於陸軍四〇軍三四〇師的通信連，後來，我們就駐紮在台南的旭町營房。」

之前，那個地方是日治時期的日本陸軍第二聯隊司令部。一群年輕娃娃兵從大陸來，之後就回不去，三百來人困守在老建築，臨時的營房，想家。營區沒有餐廳，吃飯都到大榕樹下，六個人一圈，圍著兩個臉盆裝著的菜餚。這株老樹，詩人印象深刻。

他們一群弟兄，常常結伴到隔壁學校走動，那是一街之隔的台南工業專科學校，也是成功大學的前身，遊蕩，孺慕在文藝氣質的校園裡。一天，在校園他們看到一張海報：「午後的陽光，是誰把它灑下來的？是阿波羅還是里昂？」心醉，開始奮發閱讀，甚至寫作。之後，他們中間出現了司馬中原、朱西甯、段彩華、孫越、郎雄，當然也包含因學拉二胡而取筆名瘂弦的王慶麟。

演講後，試作此詩向他們致敬。

【我的詩】

老詩人與老樹

六十年前，春天的旅人
曲折兩千里路，跨過海峽的雲和月
你從河南到台南
十八歲的旅人在想家，在想媽
看到異鄉湛藍的天空和夜星
黃河不在，鄉音不再

空蕩營房，夏天的軍人
這裡三棟建築，有過日本的菊和劍

一甲子的功名在風中，在雲裡
夢到俠客舞劍的過去和飄逸
青春不在，銳氣不再

你從土黃到磚紅
少年行的心情在拉琴，在雨行
聽到二胡哭啞的長音和夜心
紅顏不在，母親不再

蒼綠大樹，秋天的詩人
坐著阿波羅神，拂過繆思的光和影
你從冷梅到殘荷
樹間風的輕語在太白，在少陵

想到醉酒長安的飛揚和柳絮
河南不在，台南不再

六十年後，冬天的老人
回到老榕樹下，撫過蒼幹的硬和勁
你從北城到北國
一甲子的功名在風中，在雲裡
夢到俠客舞劍的過去和飄逸
青春不在，銳氣不再

老詩人摸著樹，輕輕地說：
老樹呀老樹……只有你看過我年輕的樣子

【詩後】

老樹看過年輕的我

這是大時代的滄海一粟小故事，卻是許多無奈與壓抑。少小離家，台灣的第一印象是日軍撤退離棄的美麗建築與老榕樹，神奇的人生境遇。

《他們在島嶼寫作》文學大師系列電影，台灣文壇最重量的文學紀錄片，得到熾熱掌聲，和對文學創作靈魂的重新讚歎。六位台灣文學巨擘，在影片中，有動人的燦亮光芒，令人品味再三。這六位大師是余光中、林海音、鄭愁予、王文興、周夢蝶與楊牧。

二〇一三年春天，得知「行人文化實驗室」準備製作第二單元，好奇新名單的六位大師有誰？知道了其中有詩人瘂弦，一樂，我急急建議製作團隊，老詩人摸著樹的那一段畫面，一定要有，那是經典。

三年前，在成大聽了一場演講，瘂弦提到他年輕時在「光復校區」營房學琴的舊事：二胡，每當琴弓一拉，琴音輕輕一揚，悲涼與鄉愁便恣意漫開，大家都在抗議，拜託不要再拉了……他只能擠身在建築物底層墊高的低矮空間，那是防潮用的通風小夾層，地方矮平侷促，僅有半

165 大榕

人高的空間，回音效果特好，二胡弦聲在裡面迴盪，淒涼無限，彷彿「啞啞吐哀音」，「瘂弦」的筆名從此開始。

我實在好奇，那個年代，瘂弦他們在營區當兵的生活細節。他說，當年營舍空間很擁擠，每連一百多人睡一間大通鋪，沒有飯廳也沒有澡堂，吃飯就在營房外榕樹下，「六個人一盆空心菜、一盆豆腐」，洗澡則在營房後方拉一排水龍頭，上百名阿兵哥光著身子、拿著臉盆，在光天化日下沖澡。

記得，一位在台南應用科大教英文的張副教授，她曾說過她的父親張子亮，當時也是其中的小兵。二〇一三年暑假，我約老人家喝咖啡，張老師陪著午睡後的老父親前來，一陣寒暄後，我像是一位小記者訪問老兵，說說六十年前，在老榕樹前的營房裡，他們一群娃娃兵的故事。沒想到輕輕抖動一條老棉被，竟是漫天的歷史塵埃，大江大海的時代，每一件舊事都是驚歎。

先列出這群人們出生年分：朱西甯一九二七年、郎雄一九三〇年、孫越一九三〇年、瘂弦一九三二年、司馬中原一九三三年、段彩華一九三三年。張老先生，您貴庚？老人家企圖跟我解釋戶政，身分證的是一九三一年，實際是一九二九年。

我眼前的老人家，八十五歲了，上校醫官退役，談到過往，明顯感到他年輕的血液又澎湃了起來，他說他是湖北省立武昌二中的高二生，當年國共內戰已起，他與三位住校同學離開了校舍，加入陸軍官校募兵軍隊，這是最快離開混亂地方的辦法，沒有告訴家人，因為他們天真地想著，一年半載後就可以回家了。

民國三十八年，火車先到廣州，又轉乘輪船渡過海峽，到了高雄港，抵達後不能上岸，靜候卡車大隊到達，再經過漫長的車行，當他們下車時，才知這個陌生地方叫做「台南」。偌大的營房空蕩蕩，幾棟西方建築，他們是首批進駐的學生兵。有一天，孫立人將軍來了，訓話後，「第九連」編制成兩個「團」，第一團、第三團各有四個排，一個排有四個班，一個班十人，總共是三百二十人。這是他們新生活的地方，也是對台灣第一印象的地方。

至於，瘂弦他們班上想必輕鬆多了，因為他們可以到成功校園閒逛，萌發文學種子，甚至學二胡。我想，如果張老先生當年也走了幾次校園，台灣可能又多了一位作家。他說，退休後寫自傳已經有幾年了，當他說這話時他的女兒睜眼訝然，跟我解釋她完全不知，今天談了許多往事她都不知，我則向老先生說如果改天要出版自傳，請讓我有此榮幸寫序。

一些生活小細節，我多問了幾個問題，你吃飯時，是在那一株榕樹下？洗澡時的情形？當時想家？離家前有青梅竹馬？之後，話題轉成他如何加入醫務系統，如何一路力爭上游成了少

尉軍官，最後，上校醫官退役。我問，兩岸開放後有回去湖北嗎？雙親還在嗎？母親有責罵當年不告而別？五十年後，再度重逢，父親是什麼樣的表情看你？母親哭了嗎？見到年老又盲的母親，你哭了嗎？這是大時代的滄海一粟小故事，卻是許多無奈與壓抑。少小離家，台灣的第一印象是日軍撤退離棄的美麗建築與老榕樹，神奇的人生境遇。

一位是著名老詩人，一位是退役上校醫官，我是一位歷史紀錄的書寫者。

這株老榕的身世，原來生於日本九州的鹿兒島，那裡是篤姬的故鄉，也是當時台南州知事吉岡荒造的故鄉。一九二三年，日本的裕仁皇太子代替父親大正天皇，來到台灣視察這個殖民地島嶼，十二天的行程稱之「台灣行啟」，有兩天在台南，四月二十一日，他到了「日本陸軍步兵第二聯隊」駐地（就是今天成功大學光復校區榕園），早上閱兵活動結束，他在這一株「鹿兒島榕樹」覆土，儀式完成後，日本人尊稱「神木」，並圍起了木柵。此後，這株榕樹便靜默看盡春夏秋冬。一九四五年，日本軍走了，年輕的國軍來了。

光復校區有三棟一字排開的文藝復興式建築，目前列為國定古蹟建築群，中間最重要的一棟「大成館」，昔日是「日本陸軍步兵第二聯隊司令部」。這整個營區當時稱之「旭町營房」，光復後，國軍稱之「光復營區」，一九六六年此營區撥歸給成功大學使用，成為全校最美麗的

「光復校區」。因為這株老榕樹，樹蔭成了年輕學子徜徉的場所，甚至白紗花嫁新娘也來了。

我是成大校友，校園前世今生的歷史，我不知，直到老詩人瘂弦說出了他的故事，開始爬梳這爿土地的過往。聽著當年小兵的生活瑣事，原來大時代的大江大海也曾流過這裡。

我也學著老詩人撫觸老樹說：年輕的大學四年歲月，老樹啊你也看過我！

菩提樹

十多年前，居台北時，常常路過仁愛路林蔭大道，有一大段所栽種的都是菩提樹，枝葉繁茂，陽光下偶有閃閃光點，亮著駕駛的太陽眼鏡。然而，春天正是新綠暖綠和風初送之際，卻驀地看到菩提落葉滿地，總覺得糟了，他們生病了，否則，在此春風和暢的季節，裸露的樹枝僅剩下少許的殘葉？

後來，才知道原來菩提樹的落葉時期，跟其他我們熟知的楓葉、苦楝、欖仁樹等樹的秋紅冬落，非常不同，難怪我傻傻分不清。菩提，不是台灣的原生種，他是日治時期，一九〇一年從印度引進試種。少年時期我已認識菩提樹種，一位老師曾執著一片葉子，指說葉端細長的「小尾巴」是雨水的引道，當落雨之際，雨水會順著下端這延伸出來的尾端，將葉面上的水分疏導清除，以免殘留造成葉面影響。老師說萬物神奇，都有他自己生存的設計與能力。

我印象深刻。

這首詩，以釋迦牟尼在二千五百多年前在菩提樹下悟道，當是遠因，近因，是唐朝大僧玄奘到天竺取經的步步艱苦，玄奘抵達那爛陀寺（Nālandā）學經前，他先到了佛祖悟道的那株兩千年的古菩提，淚流滿面，他哀痛佛教的傾頹……更堅毅地決心，要求法、譯經、弘法、振興佛教……。

【我的詩】

祭與偈

我從長安來
我的征旅從黃沙開始
荒原縱橫著最初的毅力
枯乾的唇抗著疾飛的風
路旁的古碑有許多塚堆
邊關的守將擋住去路
指著遙遠的東方
那是我來的方向，要我回頭
他說，往前是遙遠的死亡

之前，在去之前，我
要仰望那株佛陀悟道的寶光大樹
佛陀涅槃前，是百尺的青翠

我說，東方那裡旱了很久
向西，我要取水，心靈的佛水
翻過重重山崗和礫石，不懼
前面荒漠有著太陽的金光
那是我唯一的方向，將軍
你能明白行腳取經，走萬里方
讀萬相佛，唸萬卷經
那是我的仰視，當行囊裝滿
我會帶回西天的雲彩

我從邊關來

遠處的碉城，有羌笛和寒鴉
玉門關外沒有楊柳也無春風
第二段黃沙孤旅開始
百里後我迷路了，水囊也打翻了
瘦老赤馬，拖著我的影子前進吧！
沒有擊磬聲與木魚聲
我用心經當是羅盤，測位
一百遍一千遍，呼喚佛
一次走動就是一次掙扎，最後
倒下，已無盈虧，也沒虛實

知覺之外
我枕著乾沙沉沉睡去，準備赴死
才剛入夢，夢中金剛怒目現身
斥喝我醒來，再走

再走……起來……堅持……
舞著長戟，沙翳散去如煙
數丈的大神，鏗鏘響亮如銅鉢的撞擊
我張眼，望著十里外，再走……
穿越後，就是水泉

我從高昌來

龜茲王，這是高昌王的信與禮
他明白我堅持前行的不悔
請讓飄移的雲從這裡過
俱捨與婆沙，小乘高僧，不要擋路
不過與不知，這些都是業
在花朵都已睡眠的疑問世界
我們開始辯經吧！

飛躍與潛伏，激越與無爭

是佛學心法的拓樸學理
從點到線從弧到球，只是轉折
沒有斷裂，也無內外私我
大乘，是雪客無畏，迎迓春燕的來
小乘，是初雪時雁陣的飛影
讓我苦旅前進吧！
再三百里我將睡在冰山
又四百里有雪湖要涉

我從西域來
離開碎葉城再翻越黑嶺
摩揭陀國是我夢旅的終點
這裡是佛陀的故鄉
三年了，逃過追兵，避開餓狼，也
走過自己的葬禮
在兩道雪峰中，冰水洗過我的軀

乾漠是連枯石都畏懼的牆，我走過

終於，看到白鳥的輕快與溪水
要去那爛陀寺學經了
之前，在去之前，我
要仰望那株佛陀悟道的寶光大樹
佛陀涅槃前，是百尺的青翠
之後有不信佛的王砍伐斫傷了他
老樹南北有神像佇立，向東靜默
我看到……千年塵沙已掩覆觀音胸口
我看到……寺廟凋零，佛門半傾
我……五體投地，悲淚盈目

老菩提樹啊，我從大唐來……

【詩後】

我從大唐而來

樹齡近一百一十年的老菩提，靠近公園南路，……亭亭如蓋，蒼蒼如傘，是目前已知全台最大、最老的菩提樹。

縣市合併後，我又被聘為台南市珍貴老樹保護委員，第二次會議時，曾提案將台南公園改為「台南老樹植物園」，理由有二，其一，目前台南市列為珍貴老樹者共有二〇九株，而台南公園內即有七十三株，超過三分之一，數目驚人，種類也是最豐富而且多樣；其二，台南許多地方老樹的生長狀況，多因人為不當「照顧」，懨懨不振，有以水泥圈圍起來盆栽化者，有地面鋪設水泥或瀝青者，有建築物已經逼近者，還有地面過度掃得乾乾淨淨者。

植樹地面，不宜過度踩踏，以免土壤硬化無法呼吸，而且要留有落葉讓地面形成建康的微環境，產生適當的潮潤生態，讓有益菌滋長，同時蚯蚓也能生存並活化土壤。如果，老樹植物園成立，可將台南公園升級為更強調生態養護的示範地方，讓更多人們學得如何友善照顧老樹，這會是一處無可取代的戶外教室，這也是養護珍貴老樹之外，另一個終極目標。

目前台南公園老樹下的地面落葉，每天兩次，被掃得地表裸露，泥土乾硬，令人心驚。樹齡近一百一十年的老菩提，靠近公園南路，已設木板平台保護，以防人群踩踏地面。樹高二十五・六公尺、胸圍七・九公尺，粗壯雄偉，根張範圍十五・四公尺、樹冠面積三百平方公尺，亭亭如蓋，蒼蒼如傘，是目前已知全台最大、最老的菩提樹。

中國原來並沒有菩提樹，台灣亦然，他最初是隨著佛教的傳入而被引進的。據史籍記載，南朝的梁武帝天監元年，五〇二年，由僧人智藥三藏大師從西竺國（印度）帶回菩提樹，並親手種植於廣州王園寺（後來改名為光孝寺）。之後，菩提再輾轉傳入日本。而百年前，再由日本人引進台灣，是因，是果。

「菩提（bodhi）」一詞即為梵文，意思是「覺悟、智慧」，形容人「忽如大夢初醒，豁然開悟；突入徹悟途徑，頓悟真理」，到達超凡脫俗的境界等。所以菩提樹又名思維樹。唐朝初年，禪宗六祖慧能寫道：「菩提本無樹，明鏡亦非臺；本來無一物，何處惹塵埃。」即是藉以菩提樹領悟「四大皆空」的禪意。

本詩，會以玄奘取經過程當是描述主軸，是因為我個人的經驗。幾年前寫了《黑瓦與老樹》引起一些注意，也受到不少邀約演講。而自己過去還是出版界菜鳥時，有一個念頭是如果有南投縣的任何單位，邀我這位南投之子返鄉演講，我一定到！果然埔里高工建築科讓我圓夢，前去分享關於「舊建築．新美學」心得。時間敲定後，我邀了七十八歲的母親在演講前一天，先到日月潭一遊，過夜。因為當年春節時再度聽老人家說，自從她台中女中畢業後，十五歲，已六十多年未再去訪日月潭，她談起那個少女時代對日月潭種種美好的回憶，我每每總有些愧疚，兄弟們都忙，無法滿足她的小思念。所以，應邀演講之便，兩件美事就兜在一起了。

下午，抵達日月潭了，我們預定在伊達邵的民宿過夜。這下，可以好好地陪她暢遊闊別一甲子的日月潭。下午三點多，雲很厚，山雨欲來，開著車，預定環湖一圈，如果下雨，日月潭的水色會有一番煙雨之美，我是如此地想像。車子出發，坐右側的老母親變回了昔日少女，雀躍，話語不斷。我真高興，我們母子有此長時間相處相談，共遊，我做對了。

沿著環湖公路順時鐘，往北走，右邊的湖光左邊的山色，車速很慢，幾公里後，抵達了青龍山山腰的玄奘寺，一座仿唐的美美建築，拾階而上，沒有其他遊客，庭院幾株高聳蒼綠的南洋杉，與鋪滿地面的細小白石子，顯得更空寂與肅穆，進了正殿，合掌禮拜。因為文史調查的習慣使然，我開始端詳四周陳列的文物，靜謐地在殿內移動。

母親倒是跟住持聊了起來，住持很親切，好奇地問我們倆是何種關係？因為她沒看過這種

組合：一位五十多歲的中年男子，一位近八十歲的老婦人。聽母親帶著驕傲地答說是大兒子帶她來日月潭旅遊的，我有點心虛，五十多歲數，慚愧，這還真的是第一次母子兩人旅遊經驗。幾年後，每每想起此次旅行，還存有些虛榮的驕傲，和可倒帶回味的珍貴時光。

這一次日月潭之旅，就在玄奘寺看到了所供奉的玄奘頂骨舍利子，有靈感。之後，對這舍利子的來龍去脈做了些研究，對玄奘的生平與成就，我也認真鑽研。之間，在閱讀他取經途中的艱辛，肅然，然而讀到他面對那株古菩提的哀戚心情，卻是印象轟然。所以，以詩的形態表現他一路的顛沛，向玄奘頂禮。

詩中，玄奘旅行的深度從征旅、孤旅、苦旅到夢旅，有四個分段。

時間軸線，我從長安來、我從邊關來、我從高昌來、我從西域來……最後，當玄奘看到古菩提，他向古菩提樹自我介紹：我從大唐來……道盡心痛與狂悲，哭倒在地。詩句結束，我卻不忍離開這樣的思緒，點燃一炷線香，讓自己趺坐在蒲團之外……。

【輯四】

美麗的結果——
日治時期為了觀賞與實驗而種的樹

猢猻樹

這次前去虎頭埤尋樹，趁著星期六下午一個空檔，秋風適然暢意，驅車快行。算算，上次到虎頭埤是三十五年前的事，白雲蒼狗真是驚人，嚇人的是，上次是騎著腳踏車一路苦行，從成大校園出發，時間多長已無印象，後座愛笑的女孩，也忘了是誰。篤定的是，她已是五十多歲的熟女了，可能是幾個孩子的媽了。這次尋訪的不是在水一方的佳人，而是一株百年的熱帶非洲巨木。

猢猻樹，陌生又有趣的樹名，上個世紀初，日本人將他從非洲引進植在湖水旁的小丘上。話說虎頭埤這方水域，在日治時期倍受稱頌，等同日月潭的水光瀲灩晴方好，於是這裡有了前後兩座「新化神社」，後期的靖國鳥居還完好，隱身在舊聚落的巷口。好山好水，日本人在此栽植了一些異國樹木，猢猻樹即是在此背景，佇立突巖，俯瞰湖水。

今天，猢猻樹在台灣並非稀罕孤絕，一些地方也開始種植，例如在台南的巴克禮公園已有小成績。台北關渡的行道樹也是他，碩高成列，數量不少，冬天無葉，樹枝裸露，很像插入天空的樹根，看起來像上下顛倒的樹；台北永吉國中對面的五常公園亦不少。嘉義中正大學、高雄澄清湖也見其蹤。但，他們都遠遠不及虎頭埤這株老樹，壯碩巨大，悍然聳立，荒寂好看。

【我的詩】

在水一方

到了，車子挨著綠蔭
撞到一株樟樹，抖下一些落葉
停妥，這裡早已停妥青山一線
湖水一線，吊橋一線
濃烈的綠色脈搏，上下，也高低著
暢意中有早秋的橘綠橙黃
踢一個腳步，就輕盈了
來看隱隱水草的靜謐

你將時間的鐘錘戛然止住，在水一方
來自非洲的你，在此出家皈依
是憂鬱，還是下凡的天神

假日吧，或許金風送爽
成了喧騰少年遊，可惜了一湖風月
我的閒步，顯得不合宜
一群唱跳年輕人，一群喧譁年輕樹
帶動的男孩，麥克風高昂
躍動著瘦高的青春，吶喊押韻舞訣
隨著擺動肢體的少男少女，淹漫眼前路面
像是大風起，小荷翻
些許西風落葉從他們腳邊颺飛

我要路過
閃躲，穿越了他們行間
仍然微笑，不惱
是年紀青絲之後才有的釋然
滿山的群樹，如潮似濤
他們像恣意的樹間風，拍擊
拍擊滿山的相思林

上階，我猜，這道小山路吧
把入園的地圖塞入後袋
地圖沒有太多細節，就當是外僧
雲遊而來，石階應是通向圮廢的老廟
我應當直覺尋得，那蒲團的坐痕
一個轉彎，驀然
然後是至美的第一眼，我膜拜
一小段路程，我已經浪漫地想像

如果找到你，應該是這般腳本
相遇，凝視

訝然，流瞬如電
我啞言，大樹如塔
春秋百年如夢，也如幻
牆大的巨人聳立在前
一切，都定住
定住所有的仰望
定住腳步和瞠目表情
小丘下年輕人的歡笑聲已不聞

這裡是久久的沉寂
偉大的寥靜殿堂
幾爿矮磚牆，砌成小灌木圍籬
你將時間的鐘錘戛然止住，在水一方

來自非洲的你，在此出家皈依
是憂鬱，還是下凡的天神
我卻沉醉在你如古鐘的唄音
遠超過開啟禮物盒的發現
天真地想要摟抱

終於理得，見著了金剛會是這般模樣
震懾卻又熱淚盈眶

彳亍去吊橋，遊人巡行水岸
我卻回頭尋覓，望去你的方向
以後，將會是牽掛
在春天也在秋天，惦記的白雲會朵朵依繞
而我，將在明年第一場春雨後，再來
帶著新墨的詩集
誦讀有關你的扉頁，和袈裟

189 猢猻樹

二〇一三年，「新化神社遺構」正式登錄為歷史建築。……猢猻樹就在此風下，被好奇的日本人從熱帶非洲引進，應該是台灣第一株吧！

【詩後】

同喜與同悲的夜晚

我把拍攝的樹照片秀給女兒看，巨大的樹幹顯得我的清瘦，這是我得意的時刻，她悚然驚問，這麼大……什麼樹？我答了，她疑惑再問，猢猻的猢猻？是啊！哦……是死老鼠樹嘛！輕鬆篤定的答案，這次換我驚奇了，妳怎麼知道？老師曾經帶領我們走了一趟關渡，去看紅樹林，也介紹路旁猢猻行道樹，她拿出手機秀著，去年冬天的猢猻行道樹照片，樹葉落盡，寥落美極。

花期在七、八月，晚上八、九點開花，從含苞待放到全開狀態，過程大約二十分鐘。這種世界級的奇樹，開花的場面果然也是不同凡響，「本著，什麼都是倒過來的」本色，大樹甚高，碩大的白花離地甚遠，特別的是「倒垂著開花」，不是我們熟悉花朵向上綻放的模樣，細細長長的花柄下垂，像極了老鼠瘦長尾巴，高高垂下，末端掛著綴緣華麗白花，重重疊疊花瓣翻上，宛如反過來的芭蕾舞裙；雄蕊無數，聚成球狀。

老實說，我覺得比較像「晴天娃娃」倒吊著。花朵雌蕊單個，也是細長而朝下，非洲人總覺得他像一隻隻掛在樹上的死老鼠，而且富含腐肉的氣味。這名字太有趣了，難怪一聽就記住。專家說他應該靠狐蝠幫忙授粉的。

至於果實充滿果肉，猴子愛吃，大小十五到二十公分長，乾燥變硬後碎成塊狀，像是乾麵包，鈣質不少，維生素C含量是柳橙三倍，有超級水果架勢。二〇〇八年，歐盟批准猢猻樹果實做為果汁和穀物棒的成分。因此也有人稱「猴麵包樹」，與木棉樹、美人樹同宗，是錦葵目木棉科的大家庭。

虎頭埤是台南的後花園，湖光山色，許多台南人曾經來此沿湖散步，或走過吊橋臨風怡然。前身，是台灣最早的水庫，創建於道光二十六年，一八四六年，那一年鴉片戰爭已結束了四年，林則徐正貶謫在新疆。此水庫由當地農民歐陽安，為了灌溉農田的夏雨所蓄而建。十六年後，台灣知府周懋琦撥款擴建，稍具規模，這是同治二年的舊事。

日治時期，日本人喜歡此氤氳水鄉，暱稱「小日月潭」，特意經營，埤周圍擴展到七公里，水邊草木扶疏，水質清澈湜湜，水岸小徑掩綠。埤中小島有吊橋橫越，虎月亭清幽覽勝。前後建有兩處神社在此，二〇一三年，「新化神社遺構」正式登錄為歷史建築。重要的是，這裡栽植了甚多來自世界各地樹種，猢猻樹就在此風下，被好奇的日本人從熱帶非洲引進，應該是台灣第一株吧！這株樹胸已逾五公尺，近年被列為台南珍貴老樹保護名單中。星期六所拍攝這壯麗大樹，隱身在活動中心建築後方，埤水西岸高處，遊人鮮少。

前往虎頭埤踩踏是下午的事，傍晚轉往一場在安平的草地音樂會，受邀坐在前排，與身後近千人，浸醉在秋風習習與華麗樂章之中。隨著落日，夜幕掩至，安排有兩場小演講，先是日本建築師藤本壯介，這位酷愛台南舊城的建築人談了「人・建築・自然」。之後，是二〇一三年風雲人物齊柏林，談他的鳥瞰電影《看見台灣》花絮與想法。最後，台南大學交響樂團的下半場演出，是盡情又豐富的享受，末了，全場熱情安可掌聲中，指揮說那就從曲目中選出一曲，再重奏一次。我建議了音樂會的主人陳桑，點了〈千風之歌〉當是句點。覺得，今年長夏已盡，秋風送爽的十月夜晚，〈千風之歌〉滿符合當下秋風暢然氛圍，而且，些許悲傷中又帶有堅毅希望的輕柔旋律，是可稍稍撫慰今年非常疲憊的台灣人……我是這麼想的。

音樂會後，一行人前往用餐，席中與齊柏林導演聊了些家常，也談了現在與未來的創作。欽佩他的堅持與付出，用不同的高度記錄這個島，其中有驚豔和美麗，也有傷痕和哀愁。兩人談話中，我忍住，不要拿出今午在虎頭埤拍攝的猢猻樹照片——雙手環抱巨樹的疼惜感動，理

193 猢猻樹

由是，總覺得「在地面的老樹觀察者」與「在天空飛來飛去的大地觀察者」，這株老樹的驚喜照片，只是我的「小確幸」罷了。當然，我知道這不是卑下，但是麻雀與鴻鵠，總在自己的內心天平悄悄地稱了稱。

星期三晚上，下班後在高雄巨蛋參加了齊柏林《看見台灣》首映會。這一天，剛好是自己的農曆生日。前晚，老母親特別來電提醒我，自己去吃個豬腳麵線慶生，我沒說有活動，應了她，八十歲的母親在電話另一端聊著生活瑣事，叨叨絮絮，幸福感突然襲來，這是我的感動之一。參加電影會，我隻身開車前往高雄，掌聲用力但是努力噙住淚水。在放映的黑暗空間中，音樂如史詩，畫面在賞心悅目與猙獰破壞之間切換。九十分鐘裡，在高山群巒雲霧中飛翔，在田野阡陌溪谷上飛翔，在海邊沙洲岸礁旁飛翔，我理得了，看樹與看林是高度與廣度的不同，一株老樹與一山林木，都是台灣的寶貝。一個人與一萬人，一起看齊柏林的電影，同喜同悲，這是我的感動之二。

回到家，到櫃台領取好友寄來的包裹，他應該不知道這天是我的生日，而我偷偷地期待了幾天，預定當它是「秀才禮物」。這是個文人畫掛軸，瘦長的軸幅，長有兩公尺，寬才二十公分餘，精緻雅趣，于彭的小畫「山水冊頁」，遠處是群山延綿層層重疊，前景是左右兩處石巖，有一株老樹孤挺其中，以「靜觀天地」水墨姿態佇立，神清，氣爽，悠然閒適。這是我的感動之三。

私藏了三個感動，這篇小文寫完，也將收拾自己的心情，趕赴下一個行程。

柚木

在我的訪古過程中，與舊居民聊天，總有老故事令人驚喜連連。位於台南博愛國小旁的「原台南縣知事官邸」，在田野調查中卻讓人連呼有趣！有趣！

這個「台南縣」是日治時期早年的行政單位，區域包含嘉義縣市、台南縣市、高雄縣市與屏東縣，幾乎是整個南台灣，可見此「官邸」的重要性。其創建於一九〇〇年，已超過百年，當年是日本政府向福建購買頂級紅磚所建，二層樓前後都有八角陽台，典雅與大氣，可稱是「南台灣最美麗的百年磚造洋樓」。一九二三年，裕仁皇太子在台南過夜，就住在這裡，專有名詞就是「御泊所」。

我與鄰里耆老閒談時，說到當年皇太子所住的二樓，日本知事特別種了三株柚木，大大的葉片巧妙地遮掩了窗外人的視線，美麗挺直的異國風情大樹，顯得風輕雲低。雖然，這三株柚木在光復後，被後來的占住者移除了，但我還是認真考據了，這位四十六歲殷勤又積極任事的知事大人吉岡荒造一些事蹟：他喜歡種樹，也懂樹，愛樹，今天開山路一排金龜樹，成功大學勝利路的羅望子行道樹，都是他為了讓皇太子看到台南是個「現代化」綠色城市的努力。

　　而他的「細心伺候」到底「成功」了沒？有！當年十二月他調任專賣局局長，這是那個年代的「第一肥缺」，又一年，升任台北州知事，恭喜他。這個故事告訴我們，懂樹，也會出頭天。

【我的詩】

窗前樹與皇太子

這段舊事，九十年前，一九二三年
關於窗前三株柚木和皇太子

春分前，日本櫻花祭後
瘦瘦的王儲要來了
大正十二年四月，軍艦金剛號一路南航
在基隆登岸，搭火車到了台北
日本皇室的行啟十二天，煙花歡迎
出巡旅行，裕仁有殖民任務

夏秋之間，梢末有小碎花，清香滿室
木鐸風動，玉珮輕擊，那是君子的名字
柚木有易經坤卦的三美德

喜歡穿著軍服，漿過的威嚴，左腰佩劍
圓框眼鏡閃亮，戴軍帽
年輕少佐，他已攝政三年
腰桿挺直，白手套醒目
走路時，扶著長劍避免晃動
沉默，眼睛靈動著心神

在台南，午後，他在御泊所陽台
有宋家陣擺著武風騰騰架勢，歡迎

鑼鼓熱鬧，聲音有空懸的山谷回音
對遠到的統治者有複雜的心思
伺在一旁的知事大人卻是殷勤的心眼

太子殿下，晚宴將由鶯料理外燴
細膩靈巧的雙手把美學捏在醋飯裡
店老闆天野久吉有江戶風
今夜有濃淡有序的壽司餐單
屬下也備妥四座皇家網球場
嶄新的南國有朵朵飄過的白雲
聽說溫布頓也是這般
潔白衫、青草地和大陽傘
還有老鷹靈魂與君王的獨步

吉岡知事，你在我窗前種三株樹
高，直，葉片大，那是什麼樹？

這是柚木！來自泰國皇家森林
珍貴的國樹，行宮的建材
匠人們以萬木之王稱呼
樹心有豐富油脂的深條紋
不易變形裂開，那是晴藍的灌溉
不易磨損也堅固耐用，這是沁綠的纏繞
嫩葉揉汁，黃褐色會幻成胭脂色
色澤初是平凡，終為瑰寶豔紅
闊葉碩大，如扇片潤著風，在您的窗前
暖綠飄動只為您，風舞翩翩
葉影搖曳，阻隔窺探者的好奇
防潮防裂防蟲，也防小人

夏秋之間，梢末有小碎花，清香滿室
木鐸風動，玉珮輕擊，那是君子的名字
柚木有易經坤卦的三美德

直，正直無私，頂天筆直含章成事
方，方圓規矩，立地四方黃裳大吉
大，盛大包容，葉汁如龍其血玄黃
柔水可以凝為堅冰
這座森林裡唯有的直線
正是雪峰上的瀑布，和這柚木三株

太子殿下，在島南的傍晚五點
夕陽漸西新月未上
這是我特別挑選的窗前樹
您喜歡嗎？

【詩後】

綠葉乍響聲如濤

老樹適度修剪，姿態如長詩，綠草茵然，如果造訪時是藍天一片，有偶過的白雲那就太驀驚了。

柚木是我喜歡的樹種，他不是台灣原生種，約在百多年前，由日本人從泰國引進，當時主要是觀賞用。這些大大的闊葉樹與棕櫚樹，對來自寒帶的日本人有夢幻的異國風情，所以，他們引進了世界熱帶、亞熱帶的植物到台灣，有北半球的，也有南半球的。柚木，來到了南台灣。

每種樹木都隱喻著「樹語」和文化論述，柚木是緬甸與泰國重要的天然資源，而如此讓人珍貴與珍惜的挺直美麗大樹，這詩，我嘗試透過曾經種植在知事官邸窗前的三珠柚木，想像皇太子與知事大人之間的對話，猜想他的心思。藉著這些對話，述說柚木的種種樹語，也說說柚木文化特質。其中，以〈易經．坤卦〉的爻辭形容他特別的文化象徵，這是我的奇想，也是企圖。反之，想用此樹，逆向說明坤卦裡美好而柔順的爻辭。

柚木確實是建築與家具的好材料，不裂不翹，防潮防蛀，紋理好看，細緻密實，材色典雅。

年幼時，只要聽說這個家具是貼柚木皮的！從口氣，就對他肅然起敬，當時曾想過如果是純柚木製作，那必然是珍貴得很。之後，一直不識他真正的長相模樣，直到由社大老師帶領，辨別了台南公園多樣樹種，才赫然認知眼前這幾株聳直高大又有美麗大葉子的「高個兒」，就是幼時就朗朗上口的柚木，久仰，久仰啊。

在台南，有一些百年柚木，台南公園燕潭東側仍有五株，台南大學也有，至於最高大好看的，則在成功大學的力行校區。這個校區最早是日本步兵衛戍病院，創建於一九一六年，其間，多棟建築有木廊道相通，占地寬廣，當時在多處植有樹林，提供蔭涼與美感，樟樹、緬梔、黑板樹和柚木等，其中柚木成長得狀態非常好，挺直高大，枝葉茂盛。光復後，此處改為陸軍八〇四醫院，成了那個年代許多台南市民的回憶。記得，作家蘇偉貞曾多次談到她就是在這裡出生的。

到了一九八三年，陸軍單位再將此地撥歸給成功大學，成為「力行校區」，自此閒置多年，其間雜草漫衍，樹木幽蔭，一些木建構已經傾頹，顯得陰闇魅影其中。十多年前，我獨自前往田野調查，雖然可以在撥開蔓草後，想像過去紅磚建築的風情無限，但是一陣涼風，些許畏然，也夾雜著滄桑。

不過，這樣念頭，一個轉彎，在又發現某個漂亮建築角落時，旋即消失，總又興奮地讚歎。之後，去了幾趟，有了這是我的「私房景點」竊喜。仲夏，幾次利用陽光豔炙之際，穿梭毫無人煙的校園，看著滿樹的龍眼與土芒果，一邊取景拍攝，一邊素描建築，黑瓦與老樹，彳亍時甚是適然，自己恣意地踩踏著落葉，偶而靈光一閃，有怡然暢意的念頭，是屬於資深文青的一種滿足，很難言喻。

如今，校方大力修繕，但又維持歷史建築的雅朗味，廊道的木柱屋簷氛圍，勾勒長線，在一棟棟紅磚建築之間，與建築的拱弧走廊成了絕美呼應。老樹適度修剪，姿態如長詩，綠草茵然，如果造訪時是藍天一片，有偶過的白雲那就太驀驚了。以詩人口吻說「那美的呈露肆意的描摹」就是如今校園模樣，下午三點半，偏西的陽光穿過葉間，鋪灑在綠草地，樹幹的長影與風動後點點金光，就是值得一杯咖啡，乾！

樹的風情，人們有美的共識，也有情感投射，如同，一支曲子從教堂窗戶飄出，每人的色彩不一樣，但心魂屏息卻是漣漪一片。我對椰林夕陽感受不深，但對寒松虯勁卻是眷顧依偎。同樣地，對於雪杉森列滿山，我卻更喜柚木林立遼闊。日治時期中葉後，日本人為了「南進政策」，戰爭物資包含了鐵刀木和柚木，他們在美濃與埔里廣植鐵刀木，未來用於鋪設鐵道，延伸到占領的地方，後來戰爭結束，這些群樹存活了下來，因為蝴蝶喜歡這樹汁，所以美濃成了蝴蝶的故鄉，埔里也成了蝴蝶的天堂，鐵刀木甚至被票選為埔里的鎮樹。

而柚木呢？日本人在雲林的土地公坑溪（今天湖山水庫區域），他們在此區域栽種大量的柚木，目的在於製造船艦的底板，因柚木質地堅硬且不怕潮濕及浸水。一些當地七、八十歲耆老回憶，他們幼童年代都曾照顧過柚木苗圃，也戀著滿山的柚木林。我總喜歡想像，當年長風翻動整座大山的柚木葉，碩大綠葉啪啪乍響，滿山聲音一定如濤如潮。光復後幾年，為了興建湖山水庫，已砍伐大量柚木老樹，加上當地居民改種綠竹，那些珍貴的柚木甚至淪為用於煮筍的柴火，已不復「萬壑柚濤」壯觀與生態之美。

如今，斗六市湖山里區域內仍遺留一些當時的林木，與當地民眾深厚的情懷。我想湖山里民與水利署中區水資源局，應該可以聯手做些什麼，希望這篇文章，殷殷深情可以幫上一些忙。

墨西哥合歡

那是台灣最後的一株墨西哥合歡老樹。

幾天大雨後，台灣南北都有災情。大家盼著雨停，我也是，我則要趕赴一處天堂……那是諸羅樹蛙的天堂。三崁店糖廠位於台南永康西邊，近鹽水溪，那是日治時期所興建，而今已廢棄多年。園內有糖廠神社的殘跡，老樹蔥蘢，蒼翠互掩，偶見水鳥。因為大雨積水，這株墨西哥合歡宛若棲息於某沼澤水域，老樹早已傾斜，半趴地上，東倒西歪，水中倒影甚是好看。利用中午休息前去，陽光正美，獨行，手持相機不斷按著快門，真是精采。

乍看，不是很清楚有幾株墨西哥合歡老樹，因為歪斜厲害，半躺水中，主幹支幹交錯。羽狀小葉翠綠，樹幹濃綠，嫵媚中有蒼鬱，很難形容這種斜倚沼澤水草間的生態美感。關於三崁店糖廠遺址早有耳聞，是台灣珍貴諸羅樹蛙的最南端棲息地，當地又有近百年神社遺跡，鳥居已拆，石燈也不見多時，但是，石礎仍在，拜臺的壘石依然安好，老樹蔭深，人煙罕至。

初秋中午，一人信步其中，舒暢！

【我的詩】

最後一株老樹與神社

三崁店有一株老樹，祖籍墨西哥
到台灣，遲了同鄉近三百年

荷蘭人早早引進緬梔
枝椏秀美，喚她鹿角樹
先民則喜歡花香，說她曉風輕逸有仙氣
像是故鄉的茉莉，親親疼她為番茉莉

早來的她，整座島娉婷美麗，花朵供佛

我倒是喜歡她的花樣，長長的花序
像是一把洗長頸瓶子的毛刷子，黃綠色
微淡的香，有妍婉少女的蜜韻

五瓣像是煎了半邊未熟的荷包蛋，內黃外白
現代人風情不解，把雞蛋花叫俗了

新到的同鄉，稱之牧豆樹
百年前，有人試把硬沉的薪材燃著，緩久
高溫炎炙，火焰亮麗，焯然好看
術語木質石煤，成了她出國的護照

日本人還植來此，從墨西哥橫渡

直線而來
同是一道北回歸線
從東拉到西，一萬五千公里
說是要在太平洋左岸長居

長萊果仁很甜，可以磨粉烹食
混著麵粉，焙著莓果成了甜點
當是釀酒，醍味野趣，易醉
這是日本的算盤經濟，計算是科學
也有醫學理由，究竟非美學

名字是合歡，植物學家說非合歡
因為羽片葉子像，戶口報錯了
我倒是喜歡她的花樣，長長的花序
像是一把洗長頸瓶子的毛刷子，黃綠色
微淡的香，有妍婉少女的蜜韻

晚到的合歡，如夜深熄燈漸漸少數
最後，僅剩的一株蒼老
在鹽水溪畔的舊糖廠神社，獨居

低地總是水鄉漣漣
老樹蔭濃幹斜，半躺
近百年的蔥蘢依依映著水影，一綠
羽白水鳥從枝梢躍下，緩飛
雨後更美，遺跡與靜澤把時間凍住
淨透的仙人水地，如有花嫁紗在林間
我想，天長地久的天堂應該這般

神社鳥居不再，石燈也杳
祭臺壘石堆砌完整，也像頑強小石城
樹蔭落在石苔上，總是舊痕青青

風聲隱隱，用細細的噓息
吹響神龕已拆了五十年的魅影

他的樣子老樹看過
年長的舊居民也看過
時間就在指間，滑落如沙
殘局總是由大自然，再度收拾
三崁店的微森林就此，清華

我的造訪，總怕攪渾了貞靜一片

【詩後】

宛若探索頻道

枝椏轉個方向，先是擴展冠幅增大，再生枝幹往上生長，成了蒼鬱之中嫵媚亦見，樹葉濃郁，老幹槎枒，置身水鄉更顯迷離夢幻。

人文考古是我的專長，先來一段歷史小講座：「三崁店」為很久很久的古地名，那是台江內海還在的時代，「崁」有漁港的意思。此地旁邊有鹽水溪蜿蜒而過，當年穿越鹿耳門的鄭成功艦隊，應該魚貫經過此處，繼續南下，過了洲仔尾，再從德慶溪上溯，登陸鴨母寮，與普羅民遮城荷蘭人對峙。

時間到了道光年間，這裡稱為三崁店庄，因為早些年，這裡只是三間小店的村落，一旁的重要道路北往諸羅，如果向南，過了鹽行就是台灣府小北門，介紹這「官道」，說是清代的「台一線」，應該貼切。

雖是交通要道，但是地勢低窪，屢屢大雨或是大洪水總是使得此「府城北路」中斷。乾隆廿八年，一七六三年，知府蔣允焄修築了一道堤岸，八年後，百姓立碑「蔣公堤」紀念，碑文特別提到蘇東坡當年在西湖的「蘇公堤」，以為媲美。此碑仍在，立於舊糖廠辦公室前花園。果然低窪，初秋的雨後，此處彷彿沼澤一片。終於明白，為何台灣特有種諸羅樹蛙能在此繁衍，牠們從嘉義周遭往南延伸，越過鹽水溪，在南岸棲息，此處也成了諸羅樹蛙台灣最南端紀錄之地，目前分成四群棲息。

「珍貴稀有」等級的諸羅樹蛙體型為中小型，指端膨大有吸盤，背部是漂亮的黃綠色，腹部為白色沒有斑點，由吻端至四肢全緣均鑲上白邊，那是一道白色皮褶。雄蛙有鳴囊，顏色略黃橘。有了生態明星，這裡已經開始規畫為自然生態公園，不過，平常是看不到諸羅樹蛙，因為傍晚到夜間才是牠們活動時間。

三崁店糖廠神社遺跡左側，有一株茂盛墨西哥合歡，此樹是台灣唯一僅剩的老樹，瀕臨滅絕，近年被市政府農業局列入珍貴老樹。樹齡八十六歲，年分約和三崁店神社創建同時期，昭和六年，一九三一年。

我初見此樹，傻傻地以為三株，因為枝幹傾斜又東倒西歪，部分隱於水澤之中，樹冠寬廣，有三處聚集密度較高，所以有此誤會。其實這株老樹命運也算乖舛，曾經高大端正挺拔，因為身處積水地，土質鬆軟，主幹自此斜倚，部分枝幹著地顯得狼狽，但是時間是美容師，枝椏轉

個方向，先是擴展冠幅增大，再生枝幹往上生長，成了蒼鬱之中嫵媚亦見，樹葉濃郁，老幹槎枒，置身水鄉更顯迷離夢幻。

墨西哥合歡，又稱牧豆樹或結亞木，英文名稱「Mesquite」也有稱是「Honey Mesquite」。「Mesquite」發音近蚊子「Mosquito」，之所以相似是兩者都有「小刺」緣故。至於，多了「Honey」蜂蜜稱呼，則是莢果的甜度高，有如蜜味，可食用。然而，被誤稱為「合歡」，是因為其羽狀複葉像合歡類。話說台灣的「銀合歡」引進已經超過三百五十年，西班牙人將銀合歡從墨西哥引進呂宋，再輾轉傳到鄰近的爪哇，荷蘭人據台期間再從爪哇引進台灣，雖有些柴木經濟價值，但具有毒他物質，強烈侵略性，對原有生態高度破壞，目前依然是屏東半島災難。

日本在台灣五十年，前後創建了約七百座神社，等級不同。神社是日本人與神道教的精神圖騰與信仰中心，神社選址多於環境幽靜，林木茂盛之處。三崁店神社位於三崁店糖廠內，是屬神格低階者，為糖廠內日本員工所設立，當時日本人於糖廠內大量植林，這株墨西哥合歡即是栽植於當時。光復後，政治立場丕變，神社成了敏感圖騰，台灣的神社一一拆毀，這個小神社也無法倖存，但是仍留下完整之本殿、鳥居、手水舍（刻有昭和六年）、石燈、參道、社務所……等神社建築設施之基座。近二十年此地荒蕪，但漸漸形成極佳的林蔭空間。

四年前，我受邀到永康圖書館分享台南舊城的人文故事，當時即被熱情邀往三崁店神社遺跡一遊，心嚮往之，卻久久無法成行。直到這次颱風大雨過後，初秋晴空，利用中午用餐時間，自己獨往翠綠祕境，秋風送爽，鳥聲不絕，清晰聽到自己的腳步聲，這個感覺真好，每當自己獨享這種謐靜天地，總浮現蘇東坡「挾飛仙以遨遊，抱明月而長終」的暢然。

三崁店糖廠遺址有一條筆直的道路將園區一切為二。右邊即是神社遺跡處，有如平地森林，適合走動，長時間來低度的人為擾動，園內茂密老樹自在葳蕤，此地經過長期野草、落葉覆蓋，每逢雨天即積水成澤，諸羅樹蛙就會現身。主道路另一邊，則早已演化為「次生林」，一派自然樣貌，也是諸羅樹蛙訪調最佳地點。次生林是專有名稱，指的是再度自然復育而成的新的森林植被和生態系統，我喜浪漫稱之「微森林」，總覺得就像是拿著遙控器，坐在家裡觀看探索頻道，有冒險的想像，但是安全，有生態議題關注，自己又不用太辛苦。

哎，我真的當都市人太久了。

鳳凰木

小時候，喜歡鳳凰花是因為下課後，總可以在五月樹蔭拾到飄落滿地的花朵，撕開花瓣，重新組成一隻紅蝴蝶，然後擲向空中，希望他可以翩然飛起。到了中學才知道他被稱之畢業花，因為驪歌聲中總有蟬鳴與其身影。大學之後，他成了我就讀校園的校花，也增加了更多的觀察。現在，清楚了他的身世，原生非洲馬達加斯加，台灣則於一八九七年由日本人從遙遠的南半球引進。

從苗圃培育後，一九一七年，大正六年，他們被移栽在台南的大正町通和幸町通，就是今天的中山路與南門路，之後，每年這些行道樹在小滿節氣後，樹梢開始綻放熱情紅花，盛開如火焰。台南這兩道最豔麗的街樹，吸引了許多人駐腳，讚歎。日本詩人春山行夫在《季節手帖》也稱譽「第一漂亮」，自此鳳凰花城就被呼喚到海外。時間來到光復後，因為道路拓寬，這些濃密的鳳凰木被犧牲了，只剩下孔廟紅牆外的幾株老樹，象徵那個年代的風華，也記錄曾經有過的市容。

我的陽台植有一株小鳳凰木，已經小有架勢，這是三年前一場「台南市花選票」活動，在海安路藍曬圖前「票選鳳凰花的民間後援會」，我也上場致辭拉票，敘述「鳳凰在台南」故事，下台後獲得民眾相贈一株小苗。翠綠的羽狀複葉，還沒開花，再幾年吧。每天我勤澆水，等著他的第一朵紅花。

【我的詩】

鳳凰花戀

啊，年輕的紅，年老的紅
在台南就這樣相遇的紅
我的紅花歌吹著長長的風

啊，五月燦爛地向我走來
開滿紅花的樹也開始精采
夏季就這樣漂亮地搖擺
五月就這樣興奮了起來

有人說這個紅花讓人困惑
有人說這是學子的驪歌蕭瑟
我說這是戀人的愛情顏色
這是落入凡間的紅蝴蝶在閃爍

我的心中藏著誰的歌
誰的心中藏著我的紅花歌
夏季的歌應該這樣唱了起來
紅花的歌應該這樣High了起來

這是鳳凰，來自非洲的紅花
他說非洲的遼闊太寂寞
這是孔廟，來自魯國的紅牆
他說魯國的鐘聲太沉默

我的心中藏著誰的歌
誰的心中藏著我的紅花歌
夏季的歌應該這樣唱了起來
紅花的歌應該這樣High了起來

鳳凰紅花像燃燒青春的火
快樂就這樣敲響夏天的一聲鑼
魯國紅牆裡的祭典也承諾
那是古老年代沉靜地歸泊

啊，年輕的紅，年老的紅
在台南就這樣相遇的紅
我的紅花歌吹著長長的風
啊，就這樣深深相戀的台灣紅
啊，就這樣深深相戀的台灣紅

【詩後】

火紅在家鄉與故鄉之間

因為處在圓環邊，高聳壯觀，每次車子行經台灣文學館，必然注意巨木當前。仲夏，紅火滿樹，更成了台南的地標。

這是台南市府發布的新聞：「台灣文學館前之湯德章紀念公園內編號77之珍貴老樹鳳凰木，今日（二〇一三年二月二十五日）下午兩時五十分左右，其側枝突然斷裂，造成三台汽車毀損，也因此圓環交通一時打結，工務局接獲通報，立即前往協助珍貴老樹主管機關農業局緊急處理，並於下午五時左右清理道路完成，恢復交通暢通。」

新聞稿裡的文字，無感，可是「鳳凰木斷枝事件」太傷感了。三年多前，我曾經嘗試一些努力，未果，如今發生斷樹壓車，有小小自責。

這一株百年高大鳳凰木，遭到白蟻蛀蝕無預警倒下，壓毀路邊停放的貨車跟廂型車，直徑超過三十公分的枝幹，又粗又大，也砸中行駛中的賓士轎車，車頂凹陷，擋風玻璃碎裂，果然車體好，駕駛除了驚嚇之外僅受到輕傷。撞擊巨響，事發突然，目擊路人也都嚇一大跳！

蒼鬱樹冠如蓋，粗大樹幹需兩人才能環抱，這是目前台南最資深的鳳凰木。因為處在圓環邊，高聳壯觀，每次車子行經台灣文學館，必然注意巨木當前。仲夏，紅火滿樹，更成了台南的地標。

當年撰寫《黑瓦與老樹》特別描述了這株老樹。甚至，還向當時文化局劉怡蘋局長提出「認養老樹」想法：鳳凰花是市花，這株是台南最老最大最美，最具代表與象徵，又列為珍貴老樹之一，如果得有當地企業認養維護，每年經費不多，預防勝於治療，企業善盡社會責任，又能得美名，如此一舉數得。幾番奔波，在台南創基的京城銀行，表達有強烈意願，尤其京城銀行的logo，就是一株盛開紅花的鳳凰木，如果事成，相信對企業有加乘效益。另一方面，綠手指協會也願意酌收保養成本即可，共襄盛舉，促成此一佳話，也帶動企業認養老樹風氣。但是，最終此事破局，因為任期將滿，當時許市長、劉局長已無心市政，連記者會也無疾而終。

想想，如果當年市政府積極任事，此憾事應不會發生。慘的是，斷枝事件之後，這株美麗老樹已被修剪成呆呆頭，已不復蔥鬱濃密，王者之氣。

鳳凰木，豆科，又名紅花楹樹、火焰樹。鳳凰木因鮮紅或橙色的花朵配合鮮綠色的羽狀複葉，被譽為世上最色彩鮮豔的樹木之一。原生於非洲馬達加斯加，於一八九七年引入台灣，當

年經由印度孟買領事館，購得逾八百粒鳳凰木種子，大多種在台南，因水患流失，育苗失敗。一八九九年，日本皇宮宮內省植物御苑再寄贈三百多粒種子來台南，二年後培育出兩百株幼苗，分送了少數到各州廳種植，多數則種在台南的農事試驗場、街道、安平港及虎頭埤。湯德章紀念公園的這株鳳凰木應是當年所栽。

這是我最早考證「鳳凰木栽植史」的文章，對「分送了少數到各州廳種植」，好奇，但無法追蹤他們去了哪？還在嗎？台南部分應該僅剩斷枝的這一株了。

二〇一三年清明，回竹山老家祭祖掃墓，比跟其他家人約定的時間，早了一個小時抵達，自己先在小鎮舊街閒逛，試圖尋找童年的住家印象，那是四十多年前的事了。停車，用腳步的直覺查訪返鄉線索，赫然在舊家不遠遇見一株鳳凰老樹，那是我看過最雄壯高大的，有百年了吧。「專業地認識鳳凰木」是在台南寫書之際的事，根據老資料，當年一九〇一年，台南州廳將栽育成功的幼苗，多數留栽台南，小數量分贈他方，不知去向。眼前竹山這株老鳳凰木的樹齡，根據這幾年目測經驗，粗板根，樹胸徑，不禁遙想，當年是否有一株就贈種在老家山城警察宿舍旁？如果是，那真是一件浪漫的事。竹山，台南，一個故鄉，一個新鄉，一個連接線兩個端點。

隔著竹山大禮路，老樹百步之外即是「台大實驗林」管理處。特別說明：台灣大學擁有五個樹木標本園，其一在竹山「坪仔角」，稱之「下坪熱帶植物園」，有著名的「肖楠步道」，這是日治時期日本政府計畫引進世界熱帶、亞熱帶樹種的實驗林區之一。鳳凰老樹旁的園區即是相關管理單位，雖處小鎮街區，偌大的園區，還是宛若小森林。小時候，我就住在不遠處的公教黑瓦宿舍，每每路過，總覺得園區內老樹蔭濃，深不可測，僅能在門口窺看不曾入內。今年清明祭祖前，竟有此奇遇，把童年記憶和近年的老樹知識兜起來。如果這株真的是百年前，遠從台南贈栽於此，那竹山這株老樹可能意義非凡：「台灣最老的鳳凰木之一」，對我，更是意涵深遠。

老樹旁，有已荒廢不用的黑瓦宿舍建築群，磚牆已頹，老榕蔥蘢，落葉滿地，獨自漫步其間，思考著如果他們身處在台南舊城，一定很幸福，因為會有一群文創人善意地照顧他們，經營出一番人文風景。嗯，我在想，少小離家老大回，應該為童年的小鎮盡點心力的時候了。九二一之後，小鎮就還沒重新站起來，人口繼續流失中。

回童年老家，能做什麼？

雨豆

不知是否有心理學家研究過，為何人們喜歡探訪神木？親近巨木？別人怎麼想我不知道，但是，自己年輕時幾次接觸千年神木，都有沉靜恬然的閒適好感覺。是森林豐沛的芬多精？還是整片蒼茫的綠意？台灣幾處人煙罕至的深山，藏身著巨大的神木群。比較讓人容易觸及的，算是溪頭和阿里山，這兩個熱門觀光林區，年輕時有多次造訪的經驗，尤其溪頭，算是我老家的後花園，至今，腦袋仍存著老樹地圖路線。

總鼓勵旅人當看到神木、巨木、老樹，都不吝去擁抱他們，那是美好的地球之愛，至少，我是如此想的。深山峻嶺的神木不易見著，車程遙遠，路途曲折，但是都市裡的老樹，尤其巨碩的老樹，仍然有神奇療癒的可能儀式，抱著大樹抬頭仰望，粗獷的樹皮，高聳的幹身，總能察覺隱隱藏著驕傲、溫柔，又有堅毅的父親氣息。

在台南公園北側的巨大雨豆，一名遠方來的神祕旅者，也像孤獨的聖堂騎士。我來，每次都會擁抱他，謝謝他對這座城市的守護。

【我的詩】

雨豆之戀

你喜歡我嗎？
　南美來的害羞大男孩

如果我是雨
我一定喜歡從你的羽狀複葉
微微擦身而過
逗弄你的羞澀和赧然
從合閉而且些許下垂的小葉們，之間
滑落，輕撫，故意地

滑落，不經意又經意地滑落
不斷輕觸你陌生地反應，我
喜歡看你微微發抖的胸膛和害羞
之後，再滑落到另一片
又一片，嬉鬧脾氣後
噠噠，噠噠，滴往樹幹下的草地

如果我是風
我也會喜歡輕巧地穿過

南美男孩，大雨過了，長風也歇
我是雲，佇浮在高高的月下
與你相遇，靜靜地對看

你高聳粗壯的髮茨
像是素潔的纖指撥弄，不斷地梳理
濃鬱修長的枝椏
整齊而且禮貌的小樹枝
我會把他們搖晃
緩緩地搖晃
像禮拜天早上唱詩班的小男童
擺動音樂旋律的優雅
吟哦中，我會以海洋呼吸的起伏
呼喚你的雨林故鄉

如果我是雲
我倒是想把你寬大的樹影溫柔地擁抱
再以我潔淨的輕紗，包覆
像是愛人擁抱，醞釀夢裡的薔薇
紅唇輕觸的柔和軟

我要遮去你故鄉的陽光
潮聲息偃了，星光朦朧
再以端莊又帶著情挑的姿勢，睡去
我想，我們應該是對好戀人
南美男孩，大雨過了，長風也歇
我是雲，佇浮在高高的月下
與你相遇，靜靜地對看

你……喜歡我嗎？

【詩後】

來自熱帶美洲的綠巨人

挺拔，枝葉濃密，空曠攏起的偌大土丘就只有這株雨豆，奢侈地，自己擁有獨占的天空，恣意伸展，獨然佇立。

這株雨豆樹是我的導覽王牌，所向無敵。

關於城市生態，水鳥是指標之一，為數眾多的老樹也是。每每向外地朋友「低調炫耀」台南老樹碩大，好看，會讓人眼睛猛然一亮的！我總是先是描述一番，朋友以為我帶著吹噓，無法想像。然後，悠悠地領著他們到台南公園一遊，看到高大凜然的雨豆樹，最後總得到「太驚人了」的快樂讚語。

雨豆，不是台灣原生種，他們是熱帶美洲來的。日治時期，一九〇三年引進台灣，因為喜愛陽光高溫，南台灣成了他們落腳最終處，而這裡又是昔日台灣糖業之地，雨豆與甘蔗之間有了新關係。事情是這樣的，秋末，蔗田開始忙碌，砍伐下來的甘蔗枝被搬上「五分仔車」，運往糖廠，途中有不同的蔗田停車站，一路停靠、收集，直到車斗堆滿才運往糖廠榨汁區。雖然

235 雨豆

是秋末冬初，南台灣陽光依然耀熱犀利，甘蔗枝日照久了，溫度上升品質會變差，所以在五分仔車停靠之處，日本人便種了成排雨豆樹，高大，樹蔭蔥蘢，非常合適幫甘蔗遮陽。

那個台灣產糖的時代，成排綠蔭大樹下，停靠著運送甘蔗枝的五分仔車，成了南台灣好看的風景。說起五分仔車，我有一次甜蜜的記憶。就讀嘉義的私立中學時，十三歲的暑假，隨同家在台西的同學前往，那是第一次也是唯一搭乘五分仔車的經驗，狹隘的車廂，搖晃地厲害，有些年輕冒險的浪漫想像，沒有空調，敞開的窗口，大量灌進車箱的夏風，整個人都輕快了起來。那是住校生返家前的暢遊，第一次沒有與家人的遠遊，恣意，自在，陡然覺得天地變大了。抵達台西，同學介紹他家的西瓜田，一眼望去的全是可以自己摘下，可以隨便摘，隨便吃？太興奮了，一夥同學便動手了，然後用空手道的掌刀劈開，胡亂吃了起來，這是我這輩子最好吃的西瓜。西瓜與五分仔車，是那個年紀唯一的不滅記憶。

台灣退出糖業競爭，蔗田不見了，五分仔車停了，田野成排的雨豆樹也消失了。

幸好，當初栽種在公園、校園或是一些糖廠園區者，有幾株百年老樹倖存。高雄橋頭糖廠裡碩壯蔥鬱的雨豆，成了地標，甚至有「雨豆樹劇場」相襯。嘉義高中畢業生一定相當驕傲校園中庭裡那株雨豆，晴空下的大綠傘，如《山海經》裡描述的巨鵬，展翅，便遮蔽了半個天空。

台南則留有五株老樹，成大的成功校區測量系所前，台南大學校門前，台南孔廟入德之門前，另外兩株排行第一第二的，在台南公園。

二〇一三年夏天，公視開始製作「人間相對論」系列，這是新形態的節目，由作家楊照主持，每一輯都邀來兩位對談者，我參加的是首輯，一起上節目的是作家劉克襄，錄影的方式是：克襄在台中向我介紹台中城市的切片，美食與歷史，一座有老故事的傳統市場。反過來，我在台南向他展示台南城市的角落，公園與校園，想讓他看看公共空間與老樹關係。

星期天一早，我趕到台中錄影，因為我寫了美食也關注歷史建築緣由，所以克襄介紹了台中第二市場與周邊，有市場小吃，也有放射動線的市場歷史建築。至於，我要向他介紹台南角落的背景思維，因為克襄寫了許多生態、野鳥、鐵路、市場甚至生活細節的書籍，他是很棒庶民生活觀察家，筆觸溫柔，情感動人，所以精選兩處台南居民的生活角落，是我的想法。

校園，是成功大學力行校區，那裡原是日軍衛戍病院，有今年剛修繕後的紅磚建築群，也有當年大量植栽的百年老樹，淨紅悠綠，非常好看；公園，則是日治時期引進世界熱帶與亞熱帶樹木的實驗栽植地，歷史百年的台南公園，其中印度來的菩提，巴西來的雨豆，是我的祕密王牌。

台中錄影結束，在往台南的路上，他得知我要介紹這個「平板而無趣」的主題時，他狐疑，些許的失望寫在語氣上。我笑著安慰他，保證精采。

車抵公園南路，進了公園，迎來的是台灣之最的菩提，樹幹粗大，蒼鬱濃葉，壯碩枝椏，而且樹態健康好看，綠蔭幅大，許多老人在此乘涼，這是親民的友善空間。克襄開始精神抖擻，一路上有諸多不同的百年老樹，途中，他發現老茄苳上有五色鳥樹洞，這是他的專業，我也樂得聽他興奮地分享心得。

我們繞過蓮花池，台南公園北側小丘。一個右轉，聳然眼前的是巨大無比的綠巨人，一株台灣最碩大的雨豆樹，六個人合圍才能抱住這株令人讚歎的大樹，挺拔，枝葉濃密，空曠攏起的偌大土丘就只有這株雨豆，奢侈地，自己擁有獨占的天空，恣意伸展，獨然佇立。第一眼，所有的參訪者包含攝影團隊，第一眼就驚呼壯觀。克襄說他懂了，為何我帶領他到此看老樹，在都市的老公園一隅，隱蔽於眾樹群綠之中，有神木等級的巨木，是城市的覺醒象徵也是市民文明的態度。

雨豆，屬含羞草科，用白話說，可愛弱小不顯眼的含羞草，他有個巨人親戚——雨豆。難以想像彼此的大小差距，竟然有連結。每每我在導覽孔廟時，總喜歡站在入德之門前的雨豆樹下，抱著粗大的樹幹，顯得我的瘦小，介紹這株來自巴西，亞馬遜河畔的大男孩，陽光，害羞，他的身世和他的生態。

所以，〈雨豆之戀〉就擬用一位熱情調皮的女孩口吻書寫，說著：我如果是雨，我如果是風，我如果是雲，我都會愛你。

魚木、辣木

真沒聽過「魚木」，第一次聽到，想到「木魚」，如此怪的樹名，些許興趣缺缺，有兩株百年魚木在安南區的代天府附近，動能不大。直到搞懂樹名，已經錯失五月花期，不禁埋怨我的植物老師，沒有強調白花滿樹是如此動人。

魚木，台灣特有亞種，海拔六百公尺以下低地山區叢林，海濱也有，恆春半島和中北部海岸常見，原來是我孤陋寡聞。他可長成高大喬木，木質結實卻又輕軟，容易削出各式形體，所以漁人會將其雕刻成軟絲、烏賊愛吃的小魚和海蝦模樣，成了可以在海水載浮載沉的假餌。這就是魚木名稱由來。

至於「辣木」，第一次聽說，則是劉克襄與另一位好友的對話，興奮地談說他的辣根和種子怎麼烹調，怎麼營養。我完全插不上話，彷彿他們說的是另外星球的植物。但我也好奇，在五妃廟裡的辣木是什麼樣的樹啊，這麼神奇。嗯，五妃廟好久沒去了，找天去走走，也去瞧瞧辣木。

辣木，一九三〇年，從印度引進台灣，被舉世稱為「奇蹟之樹」，起源於印度及非洲，是一種生長快速且經濟價值很高的熱帶植物。辣木的營養價值極為豐富：辣木種子油是比橄欖油更安定的食用油，辣木葉幾乎是天然的綜合維他命，其蛋白質與鈣含量高於牛奶、鐵質高於菠菜、維他命A高於紅蘿蔔……

魚木與辣木，我來，是來上課的。

魚木（攝影／李朋宸）

【我的詩】

尋，魚木與辣木

根是辣的，心是熱的
八十年前從印度來，多神的國家
聽說果莢中隱有一些濟世思想

以一聲漁人傳說，呼喚
海洋的氣息有森林的迷惑
這般怪名，應是嬉戲的稱呼吧
木魚我懂，魚木不解

擱著幾年的謎語如霧
終有了雲遊歸來的答案
懂得魚和木有何關係
便推門，和一襲僧袍外出

只有粗糙的地址
和模糊方向，先找到了廟
不知在廟口的前後
我去訪魚木，接近但仍無所蹤

先逛了一趟高聳但是陌生的神龕
電視機前磕睡的老人
殿內花柱棲著不動的木雕鳳凰
螭龍也蜷伏，寐著

小小的香爐石裡
有沉默的縷縷薰煙和清代的悄然
應該有酒，門神渴了兩百年

停妥機車的阿伯說，哎呀，不是這個時候
你應該跟夏天一起來，
開花是乳白，再變成杏黃，最後是淡紅
整株樹，足水啊！
不是對稱，一邊花瓣，一邊花絲
花瓣像白孔雀，四片開屏展開
花絲十幾長纖，像是迸發的國慶煙花
花藥，每個火點拖著長長細細亮線
奮力上往，迸發
非直線，靈動蛇線帶有微微蜿蜒
十月，一些秋涼，樹梢殘有幾朵，留著
等我，預告明年五月

燦然滿樹，將是爆漿的白巧克力色
老樹，下一個花季我再來

那樹，在紅牆邊喘著一種口氣
有甜蜜香氳在夏天的風涼
白花是翻出廟圍的寂寞和顧盼
秋後樹下有許多長長果莢，綴上稜紋
正三角形，那是橫切面的天工
像是越王劍，劍端尖細
如果有柄，恰可盈握
指著夫差矛，呔，我們再決鬥一場
五妃廟，每次去只有我聽見鐘聲
龍鍾老樹飛下複葉
將風中的線條洩漏出翱翔的金龜子

辣木

廟門板的侍女總在天亮前回來
站好，門掩著，端莊又東張西望
迎著幾位闖入靜謐的詩人
和幾隻譁笑的鴿

這裡，官員已不來祭祀
窗扉敞開，西風充當過客
淨地也是靜地，一環晴朗
應是不染紅塵的透亮

這次，我是來找一種樹和心情
根是辣的，心是熱的
八十年前從印度來，多神的國家
聽說果莢中隱有一些濟世思想
植物學家說那是完美的，永遠驚喜
如果有細雨或是月光
樹會幻成書本，有頡頏美的巨著
不是浪漫的詩冊
倒像一碗白飯，有素然的慈濟
殷殷捧著，平凡的奇蹟和永遠地閱讀
說，這是非洲窮人的牛奶樹
在飢風餓雨鼓著黑色大地的時代
將盛露盤，高舉
裡面有新摘的星星和光亮

星期六下午，我拾獲三根果筴
輕盈，不像長劍般沉重
鐘聲微響，稜紋線一頁頁的經書
是長夜浸過的早寒，我珍藏
又一個星期六，領著八十人
尋著傳奇而來
大家都有了一把越王劍
我想說，這裡慵慵悄悄有暗香

【詩後】

樹之為用大矣栽

初見面啊，老樹！高大但不是那麼高大，樹形好看優美，有大水泥椅圈圍住，雖不是最佳設施，但總是守護。

知道了魚木適合用小刀削成假餌，我直覺，應該像是年少時的削鉛筆經驗吧，那個手感年代，真是懷念。我又想，該不會以前使用的鉛筆外緣所包覆的木材，就是魚木吧？上網查了資料，才知大部分是寒帶的白松或雪松，如果紅褐色則是高檔的熱帶紫檀。那……鉛筆是鉛做的嗎？我自問，然後再做學問：筆芯是石墨加黏土混合而成，經過定型，烘烤乾燥之後，再經過油炸，最後進入到跟木材黏合作成鉛筆的階段。炸？因為油炸過後的筆心有點「油」，書寫才會滑順流暢。嗯，下一個問題，以前使用的火柴，不知又是何種樹木所製？過去怎都沒思考過這種問題？

這就是，我平常思考小知識的思維過程與轉折。

我跑了一趟釣魚店，好奇地想親手握握魚木所雕製假餌的手感，詢問店家這種魚木作品，如何與魚鉤搭配使用，在海水中又是如何呈現靈活感覺。我沒有釣魚的經驗，但總好奇漁人與獵物之間的「鬥智形勢」，這次的走訪，有趣。

十月中旬午後，我驅車找尋傳說中的那株百年魚木老樹，先尋著線索，到了代天府，過去這是田野間的王爺廟，近年改建為巍峨大廟。偌大廟埕也移植來兩株百年莿桐，一前一後，長得蔥綠茂盛，廟左大片空地，近年更添種了十多株逾八十年的大葉桃花心木，樹幹碩大，綠蔭相掩隱然成林，鬱鬱蒼蒼。十多年來，我一直在四處田野訪察，感覺到各個寺廟對周圍的老樹植栽，比以往更加珍惜與用心照顧，內心一樂，這樣的愛樹風潮真好。

在桃花心木林另一端，還有一株三百年老茄苳，那是鄰庄鄉人所贈，因為所居環境已不宜老樹，特別移栽來此續享天年，樹幹壯碩粗糙而且多瘤結突起，龍鍾好看，歷史感十足的台灣原生種，蔭意悠哉。安南布袋嘴寮代天府執事者，一個心意，這裡成了小型「老樹銀行」，這是我在覓得魚木老樹前，新發現。

問了騎機車的老伯，終於搞清楚魚木所在。初見面啊，老樹！高大但不是那麼高大，樹形好看優美，有大水泥椅圈圍住，雖不是最佳設施，但總是守護。魚木，三出複葉，在風中翻動的樣子，前人有特別的形容：「三腳鱉在滑水」，所以「三腳鱉」成了俗名。這樣土俗的別名

魚木（攝影／李朋宸）

也只有原生種才擁有，在那個沒有生物學、植物學的年代，人們總是用最純真的聯想，稱呼，命名。

中午抵達，樹下有些修路工人躺在水泥圈堤午寐，橫七豎八，但是畫面溫馨，我喜歡這種人與樹的依附關係。不久，他們離去，我逛了一圈，獨自「閱讀這位老人家」，也與他閒聊。樹梢一角，竟然殘留幾朵夏花，嬌媚搖曳，我站在圈堤墊著腳跟，拉住花枝，仔細端詳，秋風微拂，暢然。明年花季，我將再來，帶來一群好友專程賞花。

關於辣木，我去了五妃廟。因為寫《漫遊府城》的五妃廟篇章，想寫些廟園裡的老樹介紹，之前聽過好友說起靠牆處植有兩株辣木，特別好奇，也上網做了些功課：根有辛辣味，所以稱之「辣木」，喜光照，主根很長，因此能耐長期乾旱。能適應砂土和黏土等各種土壤，在微鹼性土壤中也能生長。

印度人「吃辣木」，他們採嫩葉炒食，口味類似菠菜，也可以做湯或沙拉。種子和葉子中含有豐富的營養成分。嫩果莢也可以食用，乾種子可以磨成粉末做為調味料，幼苗的根乾燥後也可以磨成粉末當是辣味調料。辣木的花當略微變白之後也可以加入沙拉中食用。營養資料庫：七倍柳丁維他命C含量、四倍蘿蔔維他命A、四倍牛奶鈣含量、兩倍牛奶蛋白質、三倍香蕉鉀等等。

非洲肯亞的圖爾卡納湖（Lake Turkana）附近，伊索匹亞西南部也有許多辣木，Discovery「另類醫療指南」頻道，介紹「奇蹟之樹」，說辣木是經濟實惠的營養和醫療樹，具有許多醫療功能：辣木花的傳統用途是滋補、利尿與墮胎，果莢可做驅蟲劑，也可治療肝脾疾病和關節炎，樹根、樹皮、樹脂和種子都可用於某些疾病的治療。近年來的實驗室研究亦逐漸證明一些辣木萃取物、種子與植株對於治療高血壓、糖尿病、胃部傷害、皮下感染及抗發炎、利尿、抗腫瘤等均具相當的療效。神奇吧！難怪日本人稱他「不思議之樹」、「超有用的樹」。有植物學家說「如果能設計一種完美的樹，也無法超越辣木」。對於飢餓與疾病非洲，這株辣木，應該是答案之一。

五妃廟是三百多年的國定古蹟，明末亡國故事感人，但是相對於其他台南明星大廟，她寥寂多了，可是，卻又謐靜得宜。除了辣木，甚多老樹綠蔭交錯，有好看的老金龜樹，為數不少的大鳳凰木，杉、竹、楝、柏等等自成綠園。當然，來此認識辣木，也是綠色教室的新功課。

【輯五】

有爺兒氣的台南——
祭孔、花神、節氣神及其他

【我的詩】

有爺兒氣的台南

台南的歷史，寫在紅磚牆上的斑駁
記憶留在老房子，用走的最美
他們總把手工藝術留給速度慢的人

你問台南人，什麼好吃
他們總會說出一套自己的私房清單
你問台南人，什麼是歷史
他們說磚紅色的牆就在家屋和路間
你問台南人，什麼是生活
他們說曬一曬太陽，你就會知道

安平樹屋的長風
　在高低樓梯間與葉片竊竊交談

正興街的人龍
　把蜷尾家排成了新運河
天公廟的大年初九
　高舉的香炷與飛煙，形成廟口雲海新風景
七月的芒果冰
　煉乳濃度超標，果漿流量破表
文學館的鳳凰花
　記錄城市的夏天紅霞與幸福指數
月老的好業績

紅線的長度和桌上的喜餅都知道
路邊的一爿海鮮攤
有經典的五柳枝，他們要求朋友不准打卡

台南的美食，他們從盧廣仲的早餐歌開始
傳統的四味有鹹粥菜粽魚丸湯和牛肉湯
還有碳爐蔥餅和蔬果鮮蛋沙拉
配著洋咖啡和公園路的米漿
也會炫耀近來他們新發現的碳烤三明治

台南的歷史，寫在紅磚牆上的斑駁
記憶留在老房子，用走的最美

他們總把手工藝術留給速度慢的人
習慣用歷史的十二個月
在不同節慶中祭拜
也在熱鬧但不喧譁的花季
找自己喜歡的顏色

台南的生活，他們用一把低音大提琴起伏
可以獨奏，也可以輕輕柔柔地伴奏
倚著午後慵懶的斜陽
巷弄的閒散長音，再搭著樹間風的輕快板
這就是他們說的曬一曬太陽

這座舊城住了一種族群，稱之「仕紳」，廣泛地說並不是那種富二代、紅三代或是N世代的有錢人家，而是品味講究、信心篤然的廣大一群老居民。你可以從美食辨識他們，舉例：關於烏魚子，他們說一手握著整片炙得完美、不切片長條烏魚子，另一手抓著的是整株白玉色的蒜苗，輪著咬著他們，讓魚香與蒜香在口腔裡撞擊混合，說這才是品味。

在一爿鹹粥老店，有一位白髮先生靜靜地吃著虱目魚，他可以把所有魚刺，靈巧地清理得完全沒有肉屑，我說，他也是仕紳。幾座關係密切的老廟，他總如時去上香祝禱，你也可以說他是仕紳。冬氣來臨，海水變冷，漁民在澎湖水域補得碩肥的土魠魚，他會陪妻子到水仙宮市場買一整隻大魚，然後宅配好幾片給旅居在台北的女兒，他也是廣義的仕紳。當然，也有一群「精緻的仕紳」，他們長年聽著古典音樂，女兒的手都是彈琴或拉琴的手，不太會做家事，但都氣質出眾。他們喜歡買書、閱讀，他們也關注百貨公司的周年慶。他們會在三月三日舉辦古風十足的修禊，喝酒，也寫書法……

公司有位同仁，她畢業於成大台文系，寫了一個活動的小文案，這首詩的第一段便是她的構思，我喜歡，說，讓我完成整個作品吧！

從台北旅居到台南，這些隱隱有「爺兒氣」的台南人，是我所喜歡觀察的一群人，如果用台語講，就是有「蔘仔氣」的台南人，不是炫富，而是一種「莫名的驕傲」。我有個講座題目「關於小吃，台南人在驕傲什麼？」總是吸引人們探討和欣然，這是有趣的一座城，男人一起吃飯時，話題總是另一餐的美食，就像伊斯坦堡、巴黎、巴塞隆納的老男人。

他們不僅品美食，他們也品生活。

【我的詩】

起鼓，我在祭孔

夜色如墨
寂靜的街頭有偶過的車聲
急速，我走過長巷，往孔廟
紅牆些許薰然，我跨入東大成坊，寅時
空氣依然有睡意，焦距迷惘
九月底的習習涼風
每一口深呼吸都是秋印象

人影在大燈下，拖著擺晃的忙碌
彼此交錯，聲音也漸交疊，多了熱鬧
樂生們的絲竹正在調音
雜亂中有亢然波動
一些二胡，一些龍笛，也有笙
快步，黑色馬褂葛衫的長者，來回焦慮
他們偏執地測量，講究與完美
祭案上禮器微微挪動，再次調整
太羹擺正，左右和羹位置
榛菱芡棗栗重新確認次序

禮生隨後步行出了紅大門
佾生也迤行，輕腳步，如蓮
相送，眾人望天

長方簠，圓形簋，食器井然
神位前的太牢三牲披上黃綢，朝北
他們都忙著，也等著
石磬森列，編鐘一樣在等待
我在廡廊上輕移，悄然
準備相機和敬心

夜色仍黑
時辰到，要起鼓了
八尺鼖鼓，鼓手右手高舉
重擊一聲，巨響迸出⋯
再擊⋯⋯三擊⋯⋯緩緩四擊⋯⋯慢慢五擊⋯⋯
起落如雷咚咚乍響
速度漸快，鼓聲漸急⋯⋯
觀禮人群移動，似潮聚來
咚、咚、咚、咚⋯⋯咚！

最後一擊敲在緣邊的木，音高而脆
鼓聲戛然靜止
一〇八聲的壯闊回音依然繚繞
司儀大唱：走班！

夜色炭藍
大成門，起扉！
六片紅色大門全部敞著
排排門釘精神有風
起幃！禮生掀起神龕的繡幃
孔子牌位炯炯發亮
迎⋯⋯神⋯⋯
腳步聲在石板地上碎碎輕響
樂生端著樂器尾隨麾旗前行，魚貫
小佾生左手籥右手翟，在節生之後列隊
老禮生雙手捧著白帛錦盒，眉宇肅然

大門外，他們恭候瑞雲上的神
斧鉞在前，提燈提爐，左纖右霎
眾神，請隨著裊裊馨香入內吧！

夜色灰藍
祭文一個字一個音，清朗
主祭官獻爵，齊眉
獻香也獻上牲禮，高舉
無聲，所有的眼睛都看著
盛酒的禮器五尊一列，太尊在首位
那是二百五十年前孔墳的土，窯燒的圓甕
以太尊來敬神，尊敬啊！

奏……昭平之章！
鼗鼓搖動鼕鼕起音，引導八音齊鳴，如鳳
大哉孔子……先覺先知……

起……宣平之舞！
丹墀上，佾生正立，如鶴
籥橫翟豎，陽前陰後
陛階正龍抓起琴棋書畫，輕輕抬頭
三十六隻彩紋雉
羽長長豎直，在風中，如竹
微顫，一些的不整齊，好看啊！
一個單鼓，佾生一個舞姿
一個禮讚，手勢一個方向
黑色瓜皮帽下的年輕表情，穆然深遂
靈巧下的身影有敦厚的虔敬眼神，如松
我的鏡頭一直對著稚臉的汗水

夜色灰白
屋頂輪廓清晰顯出
正脊上雙龍伸爪，面向九層高塔

祭祀者一襲藍袍，他們穿梭在各祠龕
轉身，青灰裙袂飄起，如蝶
東廡西廡燈火熠熠，禮祭唱聲起落
拜，再拜，三拜，祭祀者以三次禮，進出
節奏如宋詞，高低緩急
絲竹已經停歇，眾人歸位
屋簷下的木鐸也靜默著
徹饌！搖鼓一節
送神！琴笛一段

鏞鐘響起，斧鉞前傾，返身
持二燈二爐的長者一樣在前，殷殷引路
禮生隨後步行出了紅大門
佾生也迤行，輕腳步，如蓮
相送，眾人望天
古黃色的誥文捧出
也端持著白帛紛然拋出，如羽
投入燎火，火苗上昇，如龍
輕煙徐飛，如我

天色已白……

春祭或是秋祭，每次我前去觀禮祭孔大典，總是印象瀚然，感動滿滿。記得第一次參加，那是十多年前的舊事，因為陌生，所有的禮儀行事，彷彿欣賞了一場聲光歌劇，繁複的科儀程序，人影在金聲玉磬裡進退，鼓聲裡有虔敬的聲息，絲竹裡有肅穆的閃光，如癡如醉，蕩氣迴腸，這是我的「祭孔初印象」。

我不懂其中的細節，每次都背著相機，記錄我的感動，然後開始整理儀式裡的典章規矩。甚至，準備了長鏡頭希望能捕捉更多的畫面。而自己也往史冊裡鑽研，考據歷史裡的沿革和典故，簡單地說，我在孔廟與祭孔這悠遠的歷史大河，爬梳與泅泳，甚至從山東曲阜孔廟的源頭，尋找這兩千五百年來，如何到了蘇州文廟，又如何橫跨海峽到了台南？何時？何人？多年來，我在找故事！

先前提到我與學建築的兒子到蘇州的旅行，就是前去蘇州文廟查訪，試圖理解范仲淹當年的心情，然後揣測乾隆時期的蔣元樞大人，他如何將北宋傳承下來的祭孔典章，引進台南，續存千年文脈。這一切都是尋覓和推敲，歷史塵埃太厚，些許端倪和證據，依然奮力挖掘。今天，

我與眾人站在孔廟東廡、西廡水廊，天色漆黑，星辰明晰，燈火透亮，人潮肅靜，只聽聞鼗鼓咚咚，木敔唰唰。想想，千年來，都是這般虔敬祭孔古禮。文化的傳承本來就是艱辛不易，橫跨千年，更是難以想像的可貴，台南孔廟做到了。

詩裡，以天色的幻變當是時間的遞移，夜色如墨，夜色仍黑，夜色炭藍，夜色灰藍，夜色灰白到天色已白。這種聯合國非物質文化遺產等級的祭孔大典，你應該找個機會參加。

【我的詩】

神氣，二十四節氣的神

立春，一襲紅袍畫扇輕搖
狀元郎頭戴年輕的金花，得意啊
……聞鶺鴒聲，早梅與水仙齊香
雨水，手執誥板杏黃的朝袍
龍王等待一個鴿灰的雲天
……江南花泥闌珊，香椿的嫩芽如醉
驚蟄，左手持錐右手執著大鎯
雷公的鎚，敲亮天空和地蟲的夢
……卯酒初酣，留一杯給黎明

竹箬斗笠後背，雙手握住禾葉青青
牧童一身阡陌藍衫和楊柳風
……綠筍也在晨間雨，快速擎起高空

春分，著紅綾盛裝，蝶步依繞
花神抿著一雙湖水在晨光中
……樓外有輕雷，那是蜜香的聲音
清明，鑼棒和羽扇，雨腳拖鞋啪啪拍響
白無常的血紅長舌如飄幡，在人間
……杜鵑花瘦，祭祖的古黃紙曠野翻飛
穀雨，陶缽有甘霖，青苗是沾潤的期待
雨神以文采的山歌在布施
……夜短了，早起的黃梅有些酒氣

立夏，持長槍，紅纓下垂有乍光
大儒將冷著眼，斜看，騰著肅然
……荔枝初採，妃子可以笑開懷
小滿，眼鏡是要明辨，煙斗含煙隱喻感恩
採子師爺的燕尾鬚代表言而有信
……稻禾依約，開始等待飽滿
芒種，竹箬斗笠後背，雙手握住禾葉青青
牧童一身阡陌藍衫和楊柳風
……綠筍也在晨間雨，快速擎起高空
夏至，芭蕉葉向前拂動，葫蘆火高舉
煉丹少年有一雙劍眉，睥睨
……龍舟飛渡，艾草與石榴守門
小暑，右手火盆凌上，火苗已起如蛇舞
火將軍空掌，眼神夏晴太明亮
……瓜田的小徑偶有少女路過
大暑，當熱，捧著大柴火，無風無雲

火羅剎立眉橫眼，虛妄是一隻朱雀
……天人菊正炙熱，芒果在南坡曬一身甜
立秋，黑領緣衣白色長袍，在西郊禮祭
公卿大人的遼闊眼神有遠雲和初菊
……芋香釀酒，蓮藕仍在荷田等著採蓮人
處暑，盔甲熠爍，右手握劍有虎威眈眈
秋陽將軍依然執勤，沒有卸下火焰
……果農開窯烘焙桂圓和第一次秋雨
白露，素白勁裝雙劍在背，紅色腰帶顯眼
年輕少俠有不羈的冷峻眉宇
……菅芒花在野地，溪谷的蘆荻也忙碌起來
秋分，彩綺裙角，藍瞳中有些慧黠表情
月神她是牧星者，趕著他們過乳河
……銀盤盛著蜜柚，我們都成了仰望的葵子
寒露，江湖可以笑傲，英風颯颯，下馬

大雪
白露
秋分
寒露
小寒

俠士單刀，睜眼，寒氣中有冰峭的孤煙
……柿子熟了，紫山藥可以香煎
霜降，像是陀螺在冰潭轉動長袂，雙刀殺氣
大教頭抖擻，有針葉林松果堆疊的盔甲
……碩然的大白柚的季節記憶，多汁微酸

立冬，陽光的溫度成了透藍的翅膀，惦著冷
老郎中一手在腰後，縮著北風
……芝麻田的白花已經收藏成黑色的油籽
小雪，握拳，左手高舉揮旗，斜眼看風吼的河上
小軍爺像是戌守的孤堡，靴子踩著銀光
……烏魚的汛期來了，捕魚郎啟航
大雪，大旗來回，便讓急風鼓漲了白氅
前鋒武將如風如山，披上甲胄挺住所有劍光
……鰆魚梭形的流線與載風的漁舟競速
冬至，古人的冬節祭祀紫宸，捧著聖旨
朝廷禮官以丹鶴的踩步，宣告復卦一陽生
……百合憂鬱，唐菖蒲呼喚最遠的陽光
小寒，手舉賞善罰惡的木牌，有拘捕的枷鎖
小心啊，黑無常總是在這時的冥道，招魂
……金橘微香，紅豆糯泥成了草莓絕配
大寒，抱起大冰使蒼白多了寒藍
寒鬼穿著虎紋屏氣凝神，看著人們
……山野有蔗農煮著黑糖，幸福的甜

想像一個畫面，早年許多文盲的年代，他們沒有日曆、月曆來辨識日子，怎麼辦？他們多會利用寺廟側門上的彩繪，計算日子。紅色側門的門板瘦長，左右開啟，龍牆虎壁加起來，共有四片長門板，分別代表春夏秋冬，每個季節各有六個節氣的神明彩繪，從上往下，依序排列。一個節氣，一位神明，旁邊有寫著節氣的字語，可是無妨那些不識字的先民，他們總能從各個神明的造型、服飾、武器或是手持物，辨別當下節氣。其實，以前我對這些古老的節氣，並無太大感受，理解這套系統，是在安平的妙壽宮，那是一座祭拜保生大帝的列級古蹟，在斑駁的門板上，我細細讀懂了古人的心思，狂喜，是我當年的心情。從此，屢屢在許多寺廟也瞧見這二十四節氣的神明，繪筆技巧不同，但各個的造型卻是一致的，易懂，而且意涵精準。

舉例：小寒是黑無常，這是死亡率最高的時節，冬夜氣溫驟降，許多老人家起床掀被，常常造成溫差過大的意外。清明則是白無常，路人欲斷魂，孤魂阿飄也是。如果是小雪和大雪兩個節氣之神，則是凜然武將持著旗幟，小雪是小旗輕搖，大雪則是大旗橫揮。小暑拿著小火爐，大暑則是高舉火焰高炙的木頭。

近年，現代人開始回頭認識節氣，多是為了養生和環保，說是「不時不食」，就是吃當令、當地的食物。二〇一三年，我在中廣蘭萱的節目，一個月一次，細說當月的兩個節氣，談些蔬果的收成、美食的變化，也講當令的人文活動。這是有趣的媒體經驗，在空中侃侃說著自己的觀察和心得。之後，每每在演講的場合，都有人表示他聽到了我的分享，雖然有過臆測收聽的結果，還是訝然這種高影響力。

關於祖先的古老智慧，真希望你也能欣賞市場裡蔬果更迭的顏色。

【我的詩】

守護神聯盟

之一，愛情守護神，月下老

從一段紅線說起
二炷香，青煙纏綿
我跪地彎腰執筊，抬頭便看到了你
薔薇天空與玫瑰森林開始芬芳
輕風明亮，在荷葉的這一邊
許多蝴蝶搖曳著水面上的月影
討論四季的情歌如何抑揚與起落
經歷了這些日子
親愛的，我們結婚吧！

我跪地彎腰執筊，抬頭便看到了你
薔薇天空與玫瑰森林開始芬芳
輕風明亮，在荷葉的這一邊

之二，新娘守護神，桃花女

扇子拋出弧線，像虹
你祭別祖先也拜謝父母
紅蓋頭隱藏輕啜的一雙美麗眼睛
我搖著蒲扇在橋的一端等著
花轎右側綁著青竹，翠綠篙帚在後

繫在前的一串五花肉，迎風輕晃
竹篩下的白紗如蝶仙子
你，躍過火爐踩破瓦片
激起一陣鞭炮和喜酒催促聲

之三，孕婦守護神，註生媽

寺廟後殿左廂，紅磚鋪成丁字
我們準備香花邐迤行禮
祈求送子娘娘，眾星騷動
花朵的蓓蕾有了新顏色
如同一顆星，最亮的那一顆
在雲河左岸等待，等我們給個名字
等我們登上搖櫓的船隻
棹櫂划動湖水
雙手合十迎賜，孩子回家吧
船燈點亮，新生的喜火也點亮

之四，兒童守護神，七娘媽

男孩是株樹
女孩則是會跳舞的花
月光落在小樹上
那是新月的溫柔
一天，他會茁長成高大的梧桐
而我愛的那盆蠟梅也芳香滿園
七夕，我們感謝眾神的庇護
瀚漠與奔雲在眼前
峻峭和寒風於窗外
十六歲前，他們是等待的苗

之五，考生守護神，五文昌

之後，手紋開始複雜
像樹林的枝椏分岔
偶而有金橘的綠，花椒和黃檗的香
也像僧人月下訪友
有了推或是敲的煩惱
過了十六歲，青春開始忙碌
許多臥龍，許多鳳雛都在期待金榜
三炷香，神明羅列已經在傾聽了
紅燈籠掛在祠堂檐角
春闈有濃濃桂花香如仙人素袂，微揚

台南有千廟之城的稱呼，眾神如雲，幾乎每個街道都有一座寺廟，甚至有好幾座呢。最精采的是「米街」，就是中西區的新美街，有台灣開基天后宮、開基瘟神廟、開基武廟、開基保生大帝廟、開基三太子廟……為何會這樣？

因為台南是三百多年前，明朝人所創建的城市，是福建、粵東移民創建的城市，也是渡過危險萬分黑水溝的冒險家所建立的城市，城市是由聚落擴大之後形成的規模，鄭成功在此設立了「承天府」政府之後，台南算是有了城市雛型與功能，從歷史軸線說，台南也是台灣最久遠的城市。

眾神與先民同時抵達這座城市，神明與人們一起在這座城市居住了下來，彼此相鄰。先民面對篳路藍縷的開發階段，生命無常，唯有與家鄉一起渡海的神祇，是內心的守護。於是「各種需求的神明」各有居所，也香火鼎盛，時間讓需求成了傳統，在「講究與守舊」的台南舊城，這樣的信仰成了心靈的安頓力量，也是生活美學。何謂「文化」？余秋雨說：「精神價值、生活形態」，台南人與廟會文化成了這座城最動人的風景之一。

金榜題名

二〇一三年七夕，台南市政府文化局舉辦了「人生四喜」活動，揭櫫這是一座愛情城市，也說著台南是眾神庇佑的城市。其中，人們渴望愛情時，有月下老人幫忙牽紅線；人們面對科舉考試忐忑之際，有五文昌護持考運；人們在婚後企盼有健康寶寶時，有註生娘娘幫忙送子；當小孩慢慢長成的這些年，有七娘媽護庇安全健康。活動前夕有所感，遂寫了此詩。之後，我加上了桃花女，祂是新娘的守護神，是一位美麗的女神。

關於祂們，我稱呼「守護神聯盟」。

【我的詩】

三老爺宮的花神與台南花事

一道緩坡向南也向陽
近前的是德慶溪，河水粼粼
遠的是赤崁台地紅毛城
土垣高峭火炮眈眈
當年鄭成功在此登岸紮營
他騎上白馬揮旗，指著南方
開啟圍城六日之戰
歷史就此寫了二十二年流水

黃昏，便點亮一排長長油紙燈
每個月，神龕有不同花神走了下來
街頭公園也是

康熙狼煙，明鄭日落
雍正之後建了三老爺宮，在此
鄭家三代化身神龕老爺，有隱晦的香火
正殿左右繪著十二位花神
以明朝的陰陽，敘述四季輪替
也暗喻忠義魂魄不遠
清麗之外白雲輕颺
花色多了亡國傷懷，社稷已遠的遺憾
今日，浪漫卻成了唯一解讀

正月梅花
書生柳夢梅有一夢
赴臨安途中牡丹亭，尋得丹青佳人杜麗娘
生死之戀，奼紫嫣紅遊園驚夢
聲律中酸楚，曲調裡忿惋
劇作家湯顯祖暗藏黑暗揭發和美麗哀愁
　台南也有白梅，祀點武廟內院暗香浮動
　這一剪梅多了鄭家三代的委屈

二月杏花
貴妃楊玉環有一浴
從此唐天寶不早朝，漁陽鼙鼓如雷
馬嵬坡成了斷魂傷心地
蜀地長安兩地追憶，滿樹杏花情深
詩人白居易長篇濤濤，有長恨，無絕期
　台南杏花新栽，三角公園吉貝木棉粉紅登場
　雄壯板根奪了浪漫春天的先聲

三月桃花
邊將楊昭延有一關
國境之北二十載，春風最遠的防線
握金戈的手，就在關外捲起荒風迎戰契丹鐵騎
如同仙家桃花劍氣，凌然斬除青牙黑魆
楊家將的老六守住宋朝柳色依依
　台南偶有桃花，林森路黃花風鈴舒展了寒雲
　熱鬧宣告春天從這裡出發

四月薔薇
寵妃張麗華有一醉
紅琉璃多刺錦被堆花，佳人長髮迎風
初夏簾動疑是香氣襲來，陳國後庭千豔萬豔開
驚聞北國戰馬馳騁席捲，藏身胭脂井

五月榴花花神鍾馗
四月薔薇花神張麗華
三月桃花花神楊延昭

亡國總是藉口紅顏禍水，青溪斷魂
台南薔薇醉香，東豐路木棉紅花下有輕歌
西拉雅族說那是偎襯著春天的宴席

五月石榴
鬼王鍾馗有一願
丹紅縐薄花瓣，陽光下剔透潤澤
詩人說這是旋展如舞裙，微微噓喘
這是艾草菖蒲的端午，白蛇錯愛的季節
身著石榴色大袍的虬鬚鍾馗
逼邪溽，驅疫疾，也除了暑毒
台南石榴多子，鳳凰花綻放如火焰連天
豔晴炫過，古牆燦過，舊城也煥過

六月荷花
越女西施有一溪
苦澀勾踐從蘇州回來，忍著國恥和年輕的淚
復仇之歌開始唱起，范蠡大夫，請幫我！
花溪有荷仙人飲酒，少女西施在浣紗
響屧廊舞者靈巧飛旋，裙緣小鈴輕響，缸甕低鳴
館娃閣眉頭微蹙，捧心，美人計多了經典
台南荷花田田，阿勃勒黃花串串如黃金雨
花樹朗亮城市婧麗，多情應是我

七月鳳仙
富商石崇有一園
雨前花色鳳凰儀秀，如春霞
雨後紛亂殷紅不褪，有遐想
鳳凰仙魂的花朵淬汁，佳人染得指頭丹
這位西晉豪門築園建館，叩宮商，酌玉觴
罰酒三杯成了後人標準
台南鳳仙祭神，七夕當天開隆宮祀拜七娘媽

織女過鵲橋前，貼心玉指姸紅好去會牛郎

八月桂花
歌姬綠珠有一笛
善舞《明君》，那是王昭君的淒涼
石崇驚慕，十斛明珠聘為愛妾
從此娉婷天下知，東坡也說後堂深，綠珠嬌小
桂花雅香，易迎貴人，卻是美人懷璧之禍
杜牧作詩當跋，繁華事散，落花猶是墜樓人
台南桂花製茶，開元路旁有桂花老樹公園
秋涼，米黃小瓣浮起天邊白雲，聽笛，看月

九月菊花
詩人陶淵明有一籬
自號五柳先生，不領五斗米就歸田吧！
二十年來種菊也種詩，更種隱逸的心情
獨步月下，詩人，你的影子偏東
有不如歸去的跫音，莖疏葉傲
轉彎，那道籬笆已見到，寒風後猶有殘霜
台南菊花西風，台灣欒樹梢上也是黃花滿滿
重陽已是成熟季節，小醺是個好主意

十月芙蓉
名妓謝素秋有一蝶
引得趙汝州詩酬三年，隔門談情
深於世故的風塵有著剔透的機心
有時禮儀周周，有時風情狐媚
北宋末年故事成了明代《紅梨記》戲曲
以梨花隱喻分離曲折，有情終成眷屬的喜劇
台南芙蓉上妝，美人樹嫣紅花瓣秋雨楚楚
過冬的黑面琵鷺已到齊，白羽群飛

十一月山茶
居士白樂天有一詩
茶花列名十大名花，不畏寒風冷雨是種說法
但是我喜歡今朝一朵墜階前的悲美
大詩人白居易是這般吟頌耐冬花的美色
百花凋零，山茶獨自盛裝赴冬風
那是寒色一庭的讀書人志氣
　台南山茶悠悠，黃槐卻是金燦燦地在冬陽街頭
　節氣來到立冬和小雪，杏仁茶小販可以暖胃

十二月蠟梅
太君老令婆有一怒
佘太君是楊家將的精神大旗，颯颯向北擊遼
壯志不老悍守北宋雁門關，迎風鬥雪
夫君是名將，撞死在李陵墓前明志
兒孫是名將，明代小說述說一門忠烈

　台南蠟梅少見，豔紫荊在府平公園怒放
　紙鳶在安平港邊高飛，這是無雪的城市
三老爺宮的廟埕立著鄭成功登岸的新碑
也是說故事的歷史現場
更有民間信仰的香火堅持
黃昏，便點亮一排長長油紙燈
每個月，神龕有不同花神走了下來
街頭公園也是

這座舊城，用花交換著不同顏色……

十月芙蓉花神謝素秋

十二月蠟梅花神老令婆
台北市花興鈕釦行
弟子黃進成
黃政忠
信女游寶鳳
黃加貴
弟子黃鉅霖
敬獻
丙子年桃月
蘇明勳謹畫

【詩注】

我曾經帶領一群文史愛好者在台南舊城進行「溯溪之旅」，從西門路的百年小學「立人國小」門口開始，雖然走踏在老街舊巷，其實是走在一條歷史名溪「德慶溪」遺跡之上，蜿蜒曲折。

三百五十年前，鄭成功率領二萬五千大軍進攻台灣，大軍飛渡鹿耳門海峽後，其中一部分水師船艦，沿著台江內海的東岸一路南下，避開了熱蘭遮城的炮火，到了德慶溪出海口，左轉逆流溯溪而上，當晚鄭成功在鴨母寮處——德慶溪北岸——登陸紮營，歷史名稱「禾寮港」。這一趟小旅行，我以溯溪的意象，重返鄭成功的歷史現場和清代時期的台南人文。

「鴨母寮」，這是台南著名的鴨母寮市場，乾隆時期這裡已經是個市集，當年河灣處有養鴨人家利用溪水圈養鴨子，地名也因此而來。鄭成功在此登岸，是德慶溪的北岸，因為北岸與赤崁樓之間多了一道防禦水域，而且北岸這裡，是台南丘陵地的一處高地「尖山」西南麓。明鄭時期結束，清領時期初，台南人在鄭成功登陸駐紮的坡地建了三老爺宮紀念他。

正殿左右壁堵上有大型彩繪，繪有十二月份的花神，這是台南唯一花神彩繪。說起花神是古人浪漫中帶有優雅與品味生活的信仰，說法大約有五種版本。三老爺宮採用的是單月是男神（陽），雙月是女神（陰），這個版本是明朝時才有的規矩。因為明朝是極端講究五行陰陽的朝代，而三老爺宮的主神朱姓王爺，即是明朝孤臣鄭成功。台南人有意思，他們用明朝的花神護持這座廟宇。

寫此詩，是寫文化的傳承，也寫著每個月，台南行道樹的花朵變化。

【我的詩】

舊城的夜與燈

乾隆四十二年，一七七七年
台南舊城風調雨順四境平安
太平洋彼岸，華盛頓敲響費城自由鐘已有一年
知府大人忙過一輪後
建了接官亭石坊，在南河港岸有佇立的新門
碼頭旁的太平橋，已經改名安瀾
從此這裡懸著一盞燈，照亮
過往的大小舟子，航行的光曖曖
讀著每一條水紋和欸乃水聲

老街的夜應該不凡
古蹟的紅牆也必然凝視
慶典的光，歷史塵埃增了靈動

元宵，家家水仙，那是漳州的鄉愁
株株挺立，六瓣清香恬淡餘韻
舊城的人們，春節後
習慣用花香牽繫故鄉的夢
鄭成功袖裡藏有玉蘭花，隱香寄情
春風裡的詩人，鄭經引進了桃李
泉州人等著三月莿桐紅花綻放
漳州人則在門口擺著水仙爭美，他們說
這是鬥水仙，祖先的習慣

晚上他們在港道街肆廟口
掛起了串串花燈，也掛起店家的祈福
燈下人群湧湧笑語四起
晚風中，飄著絲絲燈油的灼味
那是烏桕種子的木油，猜著
燈謎：一窋水清幽幽，一尾鰻紅目睭
元宵夜長，燈下心情也透亮悠長
舊城人們熱鬧點燈，那是慶典的光

七月，他們也在街頭點燈
日夜持續照亮，家門口立著高高燈篙
幫孤魂野鬼照明引路
一根細細長竹有六根麻篙
再綁上黃古紙和金紙
也有繫上豬肉與銅錢的人家
他們都把玻璃油燈綁在竹梢上，懸著
燈上戴著竹箬斗笠，這個鬼月
舊城的夜晚，有廣結善緣的光

明治四十三年，一九一〇年
馬可吐溫逝世，德蕾莎修女出生
葡萄牙革命
我們的辛亥革命還要再等一年
南台灣茬濃溪的竹仔門電廠開始運轉
四月，打狗亮了
台南舊城街頭也亮了
孔廟前的兩根電線桿
成了明信片宣傳主角
明晃晃的電燈幻成時髦的光

民國一〇二年，二〇一三年
教宗本篤十六世退位，安倍射了三箭

圓仔貓熊誕生
曼德拉的追悼會上美國與古巴握手
夏天，林百貨老建築重新燦亮了起來
像是珠寶盒的貴氣光芒
昔日廣末町街頭又熠熠四射
舊城的夜多了文藝復興味
秋天，風神廟以恬靜地姿態等著
穿過知府大人的台灣之門
擊鼓鳴鐘，文東武西肅靜列隊
宣告光的聖旨到！
丹紅廟牆至此有了文化的光

文化的光，我們開始思考照明減法
老街的夜應該不凡
古蹟的紅牆也必然凝視
慶典的光，歷史塵埃增了靈動
石柱上的盤龍微微轉身

木雕雀替的鳳凰輕拍羽翼
神明在人間多了駐足
這個夜，舊城自醉，不睡

曾經有人問我，台南怎麼有這麼多好吃的水果店？老店、新店數量不少，像是莉莉、義成、裕成、泰成、冰鄉等等都是盛名老店，南台灣的水果不僅產量大，品質也佳，但是全家上街吃豐富的切盤，在其他城市卻是少見。其實，這事背後有百年故事，有趣，也記錄了這座舊城飲食習慣的歷史。

話說，日本經過明治維新之後，那些學成歸國的知識菁英，他們也學會了歐洲飯後吃水果的習慣，這事成了上流社會的高檔舉動。日治五十年期間，舊城仕紳們也體會了這種「品味炫耀」。我的觀察，這些店家都是下午四點才開門做生意，通常營業到夜裡兩點（現在觀光客多了，開店時間提早許多）。過去這些老店都是晚餐後才高朋滿座，食客「一定要」面向街道「吃給人家看」，隱隱有「我吃得起」的意思，這是那個年代的隱性炫富。

舊城的夜，從吃水果開始，當然也從許多美食開始。街頭燈光平淡，看不到任何國際品牌的霓虹燈閃爍耀眼，就是「過日子嘛」，不刺激也不華美。這幾年有些變化，一些古蹟開始亮了起來，那些好看的歷史建築呈現另一種夜間風韻。二〇一三年，舊城裡的老百貨店，「林百

貨」建築修繕後熠熠發亮；在中西區老街裡的風神廟，由國際知名照明設計師周鍊回台策劃，加上中強光電基金會的努力，以首座的「光之廟宇」主題，完成「感光台南」，讓老廟重新煥發迷人光采。這是大事。

在舊城，人們開始夜遊，由接官亭散步到兌悅門，探訪沿途古廟老街，品味老房子新創意。夜與燈，有了新的光影探旅。

【附錄】何處探訪這些老樹？

【輯一】化育於天地之間——台灣原生種

苦楝

一、南區林森路一段，原農改場裡
二、中西區前鋒路，原台南縣知事官邸
三、中西區南門路，台南市市長官邸
四、北區台南公園裡，近東南角

刺桐

一、將軍區，近將軍國小
二、將軍區，漚汪牛園裡
三、佳里區，北門高中校園裡（原北門神社外苑）
四、安南區布袋里，近安定區中沙村交界處
五、鹽水區，釧和公廟旁

大葉欖仁

一、中西區，民權路二段64巷底，近佳佳小南天後
二、南區林森路一段，原農改場裡
三、東區，台南一中校園裡

台東漆樹

一、東區，成功大學成功校區物理系館裡
二、中西區，大南門城公園的樹林街路旁

【輯二】俱在樹下一寐中——明清歷史舊事

老梅

一、中西區，祀典武廟後院裡
二、中西區，延平郡王祠天井裡
三、北區，西華堂左側院裡

龍眼木

一、東區新樓街，台南神學院裡
二、南化區，東和村

樟樹

一、東區新樓街，台南神學院裡
二、中西區，台南女中校園裡
三、麻豆區，總爺糖廠裡
四、中西區，延平郡王祠右側
五、北區，聖功女中校園裡

緬梔

一、東區新樓街，台南神學院裡
二、安平區，安平古堡裡

羅漢松

一、東區，長榮女中校園裡
二、中西區南門路，台南市市長官邸
三、中西區大埔街，近台南女中校門口
四、柳營區，陳永華墳前

麵包樹

中西區府前路一段，台南地方法院院長宿舍裡

樹蘭

一、中西區，延平郡王祠後院
二、北區，台南公園裡

【輯三】

終老與生死——老樹的生命啟示

南洋櫻

一、中西區，延平郡王祠左側
二、官田區，烏山頭水庫土堤外

孔榕

中西區，台南孔廟（已移除）

成大老榕

東區，成功大學光復校區

菩提

一、北區，台南公園南側
二、北區，開元寺
三、南區，法華寺

【輯四】

美麗的結果——
日治時期為了觀賞與實驗而種的樹

猢猻樹

一、南化區，虎頭埤內活動中心後
二、東區中華東路三段，巴克禮公園裡

柚木

一、東區，成功大學力行校區裡
二、北區，台南公園燕潭東側
三、中西區，台南大學校園裡

墨西哥合歡

永康區，三崁店糖廠遺址裡

鳳凰木

一、中西區，台灣文學館前與圓環裡
二、中西區府前路二段，原台南地方法院
三、中西區南門路，近台南孔廟門口

雨豆

一、北區，台南公園裡，南北側各一株
二、中西區，孔廟入德之門的門口
三、東區，成功大學成功校區測量系館前
四、中西區，台南大學校門口外

魚木

安南區，布袋嘴寮代天府附近

辣木

一、東區東豐路，綠蔭道之中
二、中西區，五妃廟裡

048	不良主婦之愛情食療：有些事，太乖的人幫不了你	許邦妮｜著	定價320元
049	吃品味：尋常好滋味	陳念萱｜著	定價300元
050	世界第一麥方ㄆㄤˋ：二位麵包師傅，一條堅持的路	林正盛｜著	定價300元
051	CATCH斯里蘭卡：純真國度的微笑	鄭栗兒｜著	定價350元
052	誰伸出看不見的手？：中國人的命理玄機	王溢嘉｜著	定價280元
053	水晶之心：改變命運的二十則心智慧	松柏仁波切・鄭栗兒｜著	定價300元
054	肉身供養	蔣勳｜著	定價380元
055	出好貨：細節淬鍊老品牌的24個故事	韋瑋｜著	定價350元
056	遠走的想像	賴鈺婷｜著	定價300元
057	超越生死：佛教的臨終關懷與生死解脫	達照｜著	定價320元
058	台南過生活	王美霞｜著	定價350元
059	素描，這樣畫才好看	劉國正｜著	定價260元
060	當老樹在說話：那一年他們在台南種下的樹	王浩一｜著	定價350元
061	那些人住在我心中	宇文正｜著	定價300元

生命有路

001	發現治癌大藥：一代宗醫攻克癌病實證	趙中月・田原｜著	定價350元
002	子宮好，女人才好：百年女科養女人	田原｜著	定價320元
003	破解男題：男性與家庭的健康權威讀本	王琦・田原｜著	定價330元
004	人體臉書：降低80%發病機會的身體觀測要領	田原｜著	定價330元
005	吃對你的菜，個性自然改，好運就會來：專屬你的身體最需要的蔬菜排行榜	王琦・田原｜著	定價330元
006	磨食：健康長壽者共同的祕訣	胡維勤｜著	定價330元
007	好夢對策：不可忽略的健康解密	王鳳香｜著	定價320元
008	子宮好，女人才好2：八百年女科是這樣看病的	田原｜著	定價320元

乘著聲音的翅膀

001	孤獨六講有聲書	蔣勳｜著	定價750元

解生命的題

001	靈魂的自由	伊能靜｜著	定價280元
002	這時候，博杯就對了！	丁家福 等｜著	定價300元

健康養生策略

001	拒絕感流行——新舊流感都不怕的防疫養生書	盛竹玲｜著	定價168元

看事物的愉悅

001	器・手作	ZAMAMA金屬物件工作室｜著	定價260元
002	成語迷宮	黃慶桓｜著	定價200元
003	蛇女蕾米雅	濟慈｜著・葉欣｜譯	定價220元
004	唱片收藏面面觀：一個樂迷到收藏家的歷程	郭思蔚｜著	定價420元

有鹿文化出版品選買與採購

定價如有調整，依書後版權頁所列為準

- **實體書店**——歡迎至誠品、金石堂、紀伊國屋、何嘉仁、敦煌、法雅客、墊腳石等連鎖書店或地區型各大小書店選購。
- **網路書店**——歡迎至博客來、金石堂、誠品或其他網路書店訂購。
- **官網**——提供出版書籍、活動訊息、相關報導，以及影音剪輯等最即時、完整的出版資訊。www.uniqueroute.com
- 如遇到有鹿文化書籍任何相關問題，歡迎來電或向紅螞蟻圖書有限公司洽詢。

有鹿文化讀者服務專線｜02-2772-7788　　紅螞蟻圖書服務專線｜02-2795-3656

有鹿文化全書系，照顧您的身心靈

看世界的方法

001	美的曙光	蔣勳｜著	定價350元
002	用美拚經濟	有鹿文化｜編撰	定價99元
003	蒙娜麗莎微笑的嘴角	林文月｜著	定價280元
004	愛吃鬼的華麗冒險	李昂｜著	定價320元
005	身體褶學	張小虹｜著	定價280元
006	人生的旅行存摺	邱一新｜著	定價350元
007	飛魚・百合	廖鴻基｜著	定價280元
008	最絢麗的黃昏過後	林 雅行｜著	定價300元
009	一閃一閃亮晶晶	林正盛 等｜著	定價350元
010	般若心經的生活觀	星雲大師｜主講	定價270元
011	創作的型錄	許悔之｜著	定價280元
012	青山青史——連雅堂傳	林文月｜著	定價280元
013	資本主義有怪獸	張小虹｜著	定價280元
014	成就的祕訣：金剛經	星雲大師｜著	定價280元
015	笨蛋！問題在領導	南方朔｜著	定價280元
016	孤寂星球，熱鬧人間	呂政達｜著	定價280元
017	溼地 石化 島嶼想像	吳晟・吳明益｜主編	定價350元
018	愛情，考古學	薇薇夫人｜著	定價250元
019	各就各位	羅位育｜著	定價250元
020	如果漏讀人性，成功總是差一步	王溢嘉｜著	定價280元
021	如果沒有女人，男人何必穿褲子	王溢嘉｜著	定價280元
022	人海慈航：怎樣知道有觀世音菩薩	星雲大師｜著	定價350元
023	漏網新魚：一波波航向海的寧靜	廖鴻基｜著	定價320元
024	因為有好心——一位平民律師的幸福密碼	李伸一｜著	定價320元
025	快樂，自信，做妖精——我從肚皮舞改變的人生	廖之韻｜著	定價270元
026	此生——肉身覺醒	蔣勳｜著	定價380元
027	別白忙了，兌現創意才是王道！	王溢嘉｜著	定價320元
028	小地方：一個人流浪，不必到遠方	賴鈺婷｜著	定價280元
029	種地書	蔡珠兒｜著	定價320元
030	活用禪：豁然開朗的人生整理術	王溢嘉｜著	定價280元
031	花轎、牛車、偉士牌：台灣愛情四百年	石芳瑜｜著	定價280元
032	孩子，請為我活下去	劉采涵｜著	定價280元
033	新編美的曙光	蔣勳｜著	定價380元
034	此時眾生	蔣勳｜著	定價320元
035	莊子陪你走紅塵	王溢嘉｜著	定價280元
036	抱願，不抱怨	釋果東｜著	定價280元
037	活出增值人生：20位名人通往幸福的大道	阿基師等｜著	定價280元
038	GO!畫筆丟進背包裡：旅遊回憶輕鬆畫	劉國正｜著	定價320元
039	十種幸福之道：佛說妙慧童女經	星雲大師｜著	定價280元
040	愛吃鬼的祕徑：李昂帶路的美食奇妙之旅	李昂｜著	定價330元
041	金剛經尋寶	陳念萱｜著	定價300元
042	惡之幸福	楊索｜著	定價280元
043	只要不忘就好	韓良憶｜著	定價300元
044	明天吹明天的風：一位精神科醫師脫下白袍之後	張學岑｜著	定價280元
045	台南的樣子	王美霞｜著	定價320元
046	你本就擁有的完美生命：讓每一口呼吸都喜悅圓滿的方法	夏鉑坦真仁波切｜著	定價300元
047	回來以後	郝譽翔｜著	定價300元

國家圖書館出版品預行編目 (CIP) 資料

當老樹在說話：那一年，他們在台南種下的樹／王浩一著 . -- 初版 . –
臺北市：有鹿文化，2014.03
面；　公分 . --（看世界的方法；60）
ISBN 978-986-6281-66-2（平裝）

1. 人文地理 2. 樹木 3. 臺南市

733.9/127.4　　102027541

【看世界的方法 060】

當老樹在說話

那一年，他們在台南種下的樹

文字／攝影｜王浩一
封面插畫｜林家棟
攝影提供｜李朋宸、黃郁清
整體美術設計｜謝佳穎

董事長｜林明燕
副董事長｜林良珀
藝術總監｜黃寶萍
執行顧問｜謝恩仁

總經理兼總編輯｜許悔之
經理兼主編｜林煜幃
財務暨研發主任｜李曙辛
資深行銷專員｜張威莉
美術編輯｜洪于凱
助理編輯｜施彥如

策略顧問｜黃惠美・郭旭原・郭思敏・郭孟君
顧問｜林子敬・詹德茂・謝恩仁・林志隆
法律顧問｜國際通商法律事務所・邵瓊慧律師

出版｜有鹿文化事業有限公司
地址｜台北市大安區濟南路三段 28 號 7 樓
電話｜02-2772-7788
傳真｜02-2711-2333
網址｜http://www.uniqueroute.com
電子信箱｜service@uniqueroute.com

總經銷｜紅螞蟻圖書有限公司
地址｜台北市內湖區舊宗路二段 121 巷 19 號
電話｜02-2795-3656
傳真｜02-2795-4100
網址｜http://www.e-redant.com

ISBN｜978-986-6281-66-2
初版第二次印行｜2014 年 3 月 10 日
定價｜350 元